Rheinisch-Westfälische Akademie der Wissenschaften

Natur-, Ingenieur- und Wirtschaftswissenschaften Vorträge · N 314

Herausgegeben von der
Rheinisch-Westfälischen Akademie der Wissenschaften

KURT SCHMIDT

Verlockungen und Gefahren der Schattenwirtschaft

Westdeutscher Verlag

294. Sitzung am 3. Februar 1982 in Düsseldorf

CIP-Kurztitelaufnahme der Deutschen Bibliothek

Schmidt, Kurt:

Verlockungen und Gefahren der Schattenwirtschaft: [294. Sitzung am 3. Februar 1982 in Düsseldorf] / Kurt Schmidt. – Opladen: Westdeutscher Verlag, 1982.

(Vorträge / Rheinisch-Westfälische Akademie der Wissenschaften: Natur-, Ingenieur- u. Wirtschaftswiss.; N 314)

ISBN 978-3-531-08314-8 ISBN 978-3-322-90081-4 (eBook)

DOI 10.1007/978-3-322-90081-4

NE: Rheinisch-Westfälische Akademie der Wissenschaften ‹Düsseldorf›: Vorträge / Natur-, Ingenieur- und Wirtschaftswissenschaften

Herstellung: Westdeutscher Verlag

ISSN 0066–5754

ISBN 978-3-531-08314-8

Inhalt

Meinem Mitarbeiter, Herrn Diplom-Volkswirt *Wolfgang Schmitt*, danke ich für die Unterstützung beim Literaturstudium; er hat auch die Bibliographie angefertigt.

I Zur Definition

1. In einer Stadt am Rhein gibt es zwei tüchtige Männer mittleren Alters, die in ihren jungen Jahren das Malerhandwerk erlernten. Sie haben diesen Beruf als Mitarbeiter eines Tapetengeschäfts eine Reihe von Jahren auch ausgeübt. Dann lockte die Tätigkeit als angelernter Arbeiter in einem nahegelegenen Industriebetrieb, und sie wechselten den Arbeitsplatz. Den erlernten Beruf gaben die beiden freilich nicht gänzlich auf: Zum Teil aus eigenem Interesse, zum Teil auf Drängen des alten Arbeitgebers übernahmen sie es, in ihrer freien Zeit auf dessen Rechnung Wohnungen zu tapezieren. Die Kunden konnten ihre Rechnung unbar oder bar begleichen, die Löhne an die beiden Maler wurden vom Inhaber des Tapetengeschäftes dagegen ausschließlich bar gezahlt, und zwar brutto für netto, also ohne Abzug von Lohnsteuer und von Sozialversicherungsbeiträgen. Bei Bekannten und bei Bekannten von Bekannten übernahmen unsere beiden Maler in privaten Haushalten auch Arbeit auf eigene Rechnung, selbstverständlich ebenfalls nur gegen Barzahlung. Das Material beschafften sie zum Teil selbst bei ihrem ehemaligen offiziellen und jetzt in zahlreichen Fällen informellen Arbeitgeber, zum Teil kauften es die Kunden auf Anraten der beiden Maler in dem besagten Tapetengeschäft.

Mit den Jahren wurde ihnen die inoffizielle Betätigung allerdings etwas beschwerlich, und da fügte es sich gut, daß der Industriebetrieb, in dem sie offiziell beschäftigt waren, rezessionsbedingt immer wieder Kurzarbeit einlegen mußte. Die beiden Maler machten gern davon Gebrauch, denn sie brachten während dieser Phasen für die halbe Arbeitszeit über 80 v. H. ihres bisherigen Lohnes nach Hause und hatten zugleich mehr Stunden zur Verfügung, um ihrer Schwarzarbeit nachzugehen. Vor einiger Zeit haben sie sich allerdings getrennt, genauer gesagt: ihre Zusammenarbeit als Maler eingeschränkt. Der eine ist mehr an Freizeit, der andere mehr an Einkommen interessiert. Nur gelegentlich (und zwar bei größeren, hochrentablen Projekten) arbeiten sie noch zusammen. Der eine genießt im übrigen seine Mußestunden und übernimmt für sich allein nur noch ausnahmsweise Malerarbeiten bei guten Freunden und bei Nachbarn. Der andere hat seine Netto-Arbeit professionalisiert: Er erstellt Voranschläge, sorgt für die rechtzeitige Anlieferung von Material, stimmt mit seinen Kunden die Arbeitszeiten genau ab und kassiert (nun schon sehr routiniert) das mündlich geforderte endgültige Entgelt in bar sogleich nach Fertigstellung. Es heißt, er arbeite nicht nur sorgfältig, sondern komme auch stets zur angegebenen Zeit (wenn er verhindert sei, sage er den Termin rechtzeitig telefonisch ab), und er kassiere ungefähr 30 v. H. weniger, als sonst an einen Malerbetrieb zu zahlen sei. Man ist mit ihm offensichtlich rundum zufrieden, und er ist es auch.

Diese Geschichte liefert ein Beispiel für wirtschaftliche Betätigung, die illegal ist. Aktivitäten dieser Art sind nicht neu, aber sie scheinen in jüngster Vergangenheit zugenommen zu haben und noch weiter zuzunehmen – quantitativ sowohl absolut wie auch relativ (beispielsweise im Verhältnis zum offiziellen Sozialprodukt) und qualitativ in dem Sinne, daß sie mehr und mehr in Bevölkerungsschichten praktiziert werden, ja üblich geworden sind, in denen sie früher, weil gesetzwidrig und weil als ungehörig oder zumindest als unfein angesehen, selten vorkamen. Offensichtlich sind auch die Formen illegaler Wirtschaftstätigkeit vielgestaltiger geworden, so daß es schwer fällt, eine passende Definition zu finden. Nur wenig helfen hierfür die recht unterschiedlichen Begriffe, mit denen dieses Phänomen des Wirtschaftslebens belegt wird. Im Englischen werden die Bezeichnungen underground, irregular, informal, hidden, black und subterranean economy, unobserved sector, moonlighting und fiddling gebraucht. Im Französischen ist von économie souterraine und von travail au noir, im Italienischen von lavoro nero und economìa sommersa die Rede. Bei uns spricht man von Schwarzarbeit, Schattenwirtschaft und Untergrundwirtschaft.

2. In der wirtschaftswissenschaftlichen Literatur zur Untergrundwirtschaft wird zu deren Charakterisierung häufig darauf verwiesen, daß es sich hier um wirtschaftliche Aktivitäten handele, die nicht in die offizielle Statistik eingehen. Weiter unterscheidet man dabei gelegentlich zwei Komponenten des unobserved sector, nämlich einerseits Aktivitäten (wie Diebstahl und Hehlerei), die kaum zu erfassen sind und per Konvention in der volkswirtschaftlichen Gesamtrechnung auch nicht berücksichtigt werden, und andererseits Aktivitäten (wie Schwarzarbeit), die in ihrem Ergebnis in der volkswirtschaftlichen Gesamtrechnung eigentlich berücksichtigt werden müßten, aber nicht (oder nur zum Teil) erfaßt werden können. Diese beiden Arten von (statistisch nicht erfaßter) wirtschaftlicher Betätigung sind illegal; sie werden daher manchmal nach diesem gemeinsamen Merkmal zu einem Subsektor zusammengefaßt und einem anderen Subsektor gegenübergestellt, der per Konvention in der volkswirtschaftlichen Gesamtrechnung ebenfalls unberücksichtigt bleibt, in dem es aber legal zugeht, wie bei der „Produktion" von Sachgütern und Dienstleistungen im privaten Haushalt, die dort konsumiert oder gegen Sachgüter und Dienstleistungen anderer Haushalte getauscht werden.

Wir haben es hier mit einer Definition zu tun, die sehr umfassend ist, und gerade dies scheint mir daran die entscheidende Schwäche zu sein. Alles als Schattenwirtschaft zu bezeichnen, was illegal ist und nicht in die offizielle Statistik eingeht, heißt sehr heterogene Dinge unter einen Hut bringen; ohne Untergliederung kommt man daher auch nicht aus. Außerdem ist das Hauptkriterium, eben die statistische Erfassung, keineswegs ein so eindeutiges Merkmal, wie es auf den ersten Blick aussieht. Beispielsweise geht das, was „schwarz" gebaut wird, (jedenfalls in der Bundesrepublik) durchaus in die offizielle Statistik ein, weil die Bautätigkeit über die Baustoffproduktion erfaßt wird, und die Baustoffproduktion findet bei uns nicht im Untergrund statt. Manches von dem, was in der Schattenwirtschaft verdient wird, entgeht der Statistik auch deshalb nicht, weil Ausgaben, die aus diesen Einkünften getätigt werden, indirekt bei der Erhebung des Verbrauchs erfaßt werden.

Wir wollen uns der Frage, was vernünftigerweise unter Schattenwirtschaft zu verstehen ist, auf andere Weise nähern. Entscheidend ist nach meiner Ansicht, daß mehr und mehr Bürger in den entwickelten Industriestaaten der westlichen Welt Normen, die für die wirtschaftliche Betätigung gelten, gleichsam abwählen. Dies bedeutet, daß die eigenwirtschaftliche Tätigkeit in privaten Haushalten und in der Form von Nachbarschaftshilfe, also der „Voluntary Nonprofit Sector"[1] (auch „vernakulärer" Bereich genannt), außerhalb unseres Interesses bleibt; denn das ist völlig legal. Die Illegalität ist also das erste Merkmal der Schattenwirtschaft, und das ist auch der Grund dafür, daß es hier möglichst heimlich zugeht. Wegen der beträchtlichen Grauzone, die es bei wirtschaftlichen Aktivitäten dieser Art gibt, handelt es sich dabei freilich nicht immer um eine eindeutige Verletzung von Gesetzen; wir wollen daher im folgenden nicht von Illegalität, sondern von Irregularität sprechen.

Das zweite Merkmal der Schattenwirtschaft sehe ich darin, daß es sich dabei um wirtschaftliche Aktivitäten handelt, die es nach Inhalt und Form (und hier insbesondere in bezug auf die Freiheit des Tausches und den freien Zugang zum Markt) grundsätzlich auch in der offiziellen Wirtschaft gibt. Wir haben es also mit einer „dual economy" zu tun; der Untergrund ist eine Art „Gegenwelt": Die irregulären Praktiken haben im Prinzip reguläre Alternativen. Aber jene werden diesen aus Gründen, die noch zu erörtern sind, von den Privaten mehr und mehr vorgezogen. Durch dieses zweite Merkmal wird die Schattenwirtschaft sozusagen nach der anderen Seite hin, nämlich gegenüber kriminellen Handlungen wir Diebstahl und Erpressung, Korruption und Drogenhandel, abgegrenzt. Auch das Erschleichen von Subventionen und das Hinterziehen von Steuern bleiben als Hauptsache ausgeschlossen; denn sie sind für sich genommen als Betrugsdelikte Bestandteil der

[1] Vgl. den von B. A. Weisbrod herausgegebenen Band mit diesem Titel (Lexington-Toronto 1977).

offiziellen Wirtschaft, für die es in der Gegenwelt kein Analogon gibt. Nur soweit die Steuer- (und Beitrags-)Hinterziehung Konsequenz der Betätigung in der Schattenwirtschaft ist, gehört sie dorthin. Grenzfälle sind Glücksspiel und Prostitution. Aber ihnen gilt nicht unser Hauptinteresse. In erster Linie denken wir an Dinge wie Schwarzarbeit (während der Freizeit oder auch bei Arbeitslosigkeit[2] und bei Krankmeldung), an graue Umsätze, d. h. an Geschäfte ohne Rechnung gegen Barzahlung, und an die Beschäftigung von Ausländern ohne Arbeitserlaubnis.

II Meßprobleme

1. Irregularität und reguläre Alternative sind, wie soeben aufgezeigt, m. E. die konstitutiven Merkmale der Schattenwirtschaft, und Untersuchungen über den Umfang der underground economy müßten eigentlich daran anknüpfen. Tatsächlich wird jedoch bei den Versuchen, die Größe der economìa sommersa zu ermitteln, explizit oder implizit die Schattenwirtschaft meistens weiter, aber keineswegs einheitlich definiert; kriminelle Aktivitäten im herkömmlichen Sinn bleiben dabei übrigens weitgehend unberücksichtigt. Das ist wegen der methodischen Probleme verständlich; denn schon der Versuch, das Irreguläre im allgemeinen zu erfassen, ist mit erheblichen Schwierigkeiten verbunden, und die quantitativen Aussagen sind deshalb (vorerst) kaum mehr als grobe Schätzungen, die, wie zu erwarten, große Unterschiede aufweisen. An eine weitere Aufgliederung des Irregulären in dem oben beschriebenen Sinne hat sich meines Wissens bisher nur das amerikanische Schatzamt herangewagt.

Es gibt zahlreiche Methoden, mit denen man den Umfang der Schattenwirtschaft (im weiteren Sinne) zu erfassen sucht. Feige gliedert sie in einer nicht veröffentlichten Studie aus dem Jahre 1980 in „anekdotische Informationen" (also Fallsammlungen, die freilich mehr für das Qualitative, wie Formen und Verhalten, als für das Quantitative der Schattenwirtschaft hergeben), in mikroökonomische Beobachtungen und in makroökonomische Ansätze. Methodologisch plausibler ist m.E. die Trennung in direkte und indirekte Methoden, die sich auch in der Literatur durchzusetzen scheint. Die direkte Methode hält sich an die Sache selbst; mit ihrer Hilfe versucht man, durch Befragungen, Stichproben sowie Schätzungen und Mutmaßungen Auskunft über den Umfang des unobserved sector der Volkswirtschaft zu erhalten. Die indirekte Methode hält sich an Indikatoren, insbesondere an monetäre Größen; danach versucht man, vor allem durch Vergleich dieser

[2] In der Mainzer Fastnacht ist während der Kampagne 1981/82 die Schwarzarbeit eng definiert worden. Dort hieß es, ins Hochdeutsche übertragen: „Schwarzarbeit ist, wenn einer, der keine Arbeit hat und Stempelgeld bekommt, also durch die Arbeit, die er nicht hat, mehr Geld verdient als einer, der Arbeit hat und kein Stempelgeld bekommt".

Indikatoren in verschiedenen Perioden, quantitative Aussagen über die Schattenwirtschaft zu gewinnen. Die weitaus meisten Studien zum Umfang der Schattenwirtschaft benutzen die indirekte Methode, ohne freilich zu besseren Ergebnissen zu gelangen als diejenigen Untersuchungen, die der direkten Methode folgen.

2. Zur direkten Methode gehören Befragungen, die selbstverständlich anonym durchgeführt werden müssen. Das Problem hierbei ist die Zuverlässigkeit. Denn selbst bei gut entwickelter Technik der Befragung ist sicher Zweifel gegenüber Informationen angebracht, deren Qualität wahrscheinlich durch die Natur der zu erforschenden Sache beeinträchtigt ist. Außerdem verursachen Erhebung und Aufbereitung der Daten ziemlich hohe Kosten.

Das amerikanische Schatzamt hat im Sinne der direkten Methode Untersuchungen angestellt, die nach nicht gemeldetem Einkommen aus legaler und illegaler Tätigkeit trennen. Da auch viele kriminelle Aktivitäten unberücksichtigt bleiben, entspricht das, was unter dem Rubrum „nicht gemeldetes illegales Einkommen" figuriert, der Idee nach weitgehend der Schattenwirtschaft, wie wir sie mit Hilfe der Merkmale Irregularität und reguläre Alternative oben definiert haben. Das nicht gemeldete legal entstandene Einkommen versucht das Schatzamt aufgrund einer Stichprobe von 50 000 Einkommensteuererklärungen zu ermitteln. Diese Einkommensteuererklärungen werden sorgfältig geprüft, um die wirkliche Steuerschuld herauszufinden. Die Differenz, nochmals auf andere Weise kontrolliert, nimmt man für das nicht gemeldete legal entstandene Einkommen. Allerdings liegen die so ermittelten Werte wahrscheinlich unter dem tatsächlichen Betrag, der – aus legalem Einkommen stammend – nicht deklariert wird, weil nicht zu erwarten ist, daß selbst bei gründlicher Prüfung der 50 000 Einkommensteuererklärungen die Steuerhinterziehung in ihrer Gesamtheit erfaßt wird. Mehr als in bezug auf das Niveau geben die Untersuchungen des Schatzamtes im Hinblick auf die Entwicklung der nicht gemeldeten legal entstandenen Einkommen her; die Ergebnisse der Untersuchungen deuten auf eine erhebliche Zunahme der Steuerhinterziehung während der letzten zehn bis fünfzehn Jahre hin. Zur Ermittlung des nicht gemeldeten illegalen Einkommens ist das amerikanische Schatzamt auf Schätzungen und Mutmaßungen angewiesen. Im einzelnen hat das Schatzamt Informationen von anderen öffentlichen Stellen über die Entwicklung des illegalen Drogenhandels, des nicht-lizenzierten Wettens und Glücksspiels sowie der nicht-kontrollierten Prostitution gesammelt. Einkommen aus irregulärer Tätigkeit im Sinne unserer Definition der Schattenwirtschaft konnten mangels hinreichender Datenquellen in der Studie des amerikanischen Schatzamtes leider nicht erfaßt werden.

Zur direkten Methode ist auch der Versuch zu zählen, aus Unterschieden in der Entstehungs- und Verwendungsrechnung des Bruttosozialprodukts in der volkswirtschaftlichen Gesamtrechnung Aufschluß über den Umfang der Schattenwirtschaft zu gewinnen. ADRIAN SMITH[3] berichtet, daß in Großbritannien und Belgien die Ergebnisse der statistischen Erhebungen getrennt nach der Entstehungsseite und nach der Verwendungsseite publiziert werden und daß das „Defizit" in der Entstehungsrechnung als Indiz für die Existenz einer Schattenwirtschaft genommen werden kann. Nicht-monetäres Einkommen wird dabei allerdings nicht erfaßt, ebensowenig Einkommen, das in „importiertem" ausländischem Geld gezahlt und im Ausland ausgegeben wird. SMITH meint, daß die getrennte Publikation von Entstehungs- und Verwendungsrechnung des Bruttosozialprodukts auch in anderen Ländern hilfreich sein könnte, um Vorstellungen über Umfang und Entwicklung der Schattenwirtschaft zu gewinnen.

Ein ebenso einfaches wie plausibles Verfahren zur Ermittlung des Umfangs der economìa sommersa im Wohnungsbau hat einer meiner italienischen Kollegen ausgedacht und angewendet. Er verglich über einen Zeitraum von neun Jahren die Zahlen, die die offizielle Statistik über Neubauten und über Erstanschlüsse von Elektrizität in Wohnungen auswies, und stellte dabei fest, daß die zweite Zahl doppelt so hoch war wie die erste. Dies deutet darauf hin, daß in Italien während der beobachteten Zeitspanne nicht viel weniger als die Hälfte aller Wohnungen „schwarz" gebaut worden ist. Die Untersuchung hat im übrigen große Unterschiede in der regionalen Verteilung des irregulären Wohnungsbaus aufgezeigt.

3. Die indirekte Methode benutzt, wie bereits gesagt, in erster Linie Geldgrößen als Indikatoren. Der Grundgedanke ist, daß die Umsätze in der Schattenwirtschaft mit Hilfe von Bargeld bewältigt werden; über einen Vergleich der aktuellen Bargeldmenge mit einem als „normal" angesehenen Bargeldvolumen kommt man zur Geldmenge der Schattenwirtschaft. Multipliziert man diese mit der Umlaufsgeschwindigkeit, erhält man ein Abbild des Transaktionsvolumens der Untergrundwirtschaft. Die Ergebnisse dieser Untersuchungen hängen von den Annahmen über die Umlaufsgeschwindigkeit, von der Bestimmung der „normalen" Bargeldmenge und von der Voraussetzung ab, daß in der Schattenwirtschaft Transaktionen nur mit Hilfe von Bargeld vorgenommen werden.

Was die Voraussetzung der Barzahlung betrifft, ist kritisch anzumerken, daß Fälle des Naturaltausches, die in der Schattenwirtschaft wahrscheinlich häufiger vorkommen als in der offiziellen Wirtschaft, nicht erfaßt werden[4]. Außerdem hat die Studie des amerikanischen Schatzamtes ergeben, daß die Transaktionen der

[3] Vgl. A. SMITH, The Informal Economy, in: Lloyds Bank Review, No. 141, Juli 1981, S. 49.

[4] So kann zum Beispiel das Anstreichen eines Hauses gegen das Legen einer Wasserleitung aufgerechnet werden. Es mögen aber auch Dienstleistungen, beispielsweise das Herrichten eines Hobbyraumes, gegen Sachgüter, beispielsweise gegen eine elektrische Eisenbahn, getauscht werden.

Schattenwirtschaft zu einem Viertel bis zu einem Drittel mit Scheck bewältigt werden; FEIGE weist ebenfalls darauf hin, daß illegale Aktivitäten ohne allzu großes Risiko unbar abgewickelt werden können – beispielsweise über das Einbeziehen von Mitgliedern der engeren Familie oder von anderen nahestehenden Personen. Die Beschränkung auf das Bargeld unterzeichnet daher wahrscheinlich den Umfang der Schattenwirtschaft.

Aber auch wenn man sich auf die Bargeldumsätze beschränkt, gibt es Meßprobleme. Will man die normale Bargeldmenge, also das Volumen bestimmen, das (ohne Berücksichtigung der Schattenwirtschaft) für die Umsätze in der offiziellen Wirtschaft benötigt wird, dann muß man eine Referenzperiode finden, von der angenommen werden darf, daß während dieser Zeitspanne keine oder keine nennenswerten „schwarzen" Umsätze vorgekommen sind. Meist wählen die Autoren, die sich dieser Methode bedienen, Jahre wie 1939 oder 1941 als Referenzzeitraum. Dafür spricht, daß damals die Schattenwirtschaft (im weiteren Sinne) vermutlich in ihrem Umfang weniger bedeutsam war als heute. Aber sicher war sie nicht Null, schon gar nicht in den Vereinigten Staaten, in denen zu jener Zeit Gangstersyndikate fortbestanden, die während der Prohibition entstanden waren.

Als nächstes taucht die Frage auf, wie die normale Bargeldmenge gemessen werden soll. Das kann vernünftigerweise nicht in absoluten Beträgen geschehen; es müssen vielmehr Relationen gebildet werden, und das geschieht in verschiedener Weise. Am häufigsten wird das Verhältnis Bargeld zu Sichteinlagen benutzt. Allerdings wird dieses Verhältnis nicht nur durch die Ausdehnung (oder die Rückbildung) der Schattenwirtschaft, sondern auch durch Wandlungen in den Zahlungssitten beeinflußt. So hat sich gezeigt, daß die Veränderungen der Relation von Bargeld zu Sichteinlagen, die während der beiden letzten Jahrzehnte in den Vereinigten Staaten zu beobachten sind, aufgrund anderer (konventioneller) Änderungen in der Geldnachfrage erklärt werden können[5]. Außerdem kann über den Export von Bargeld „schwarzes" Geld „weißgewaschen" und in Form von Sichteinlagen reimportiert werden.

Um die allfällige Substitution von Sichteinlagen durch Termineinlagen einzufangen, hat sich TANZI[6] an das Verhältnis von Bargeld zur Geldmenge M_2 gehalten, die das gesamte Zentralbankgeld, die Sichteinlagen und die Termineinlagen umfaßt. Freilich darf man auch hier bezweifeln, ob Veränderungen des Verhältnisses

5 Vgl. R. D. PORTER and ST. B. THURMAN, The Currency Ratio and the Subterranean Economy: Additional Comments, unveröffentlichtes Manuskript vom 26. Januar 1979; E. LANGFELDT und H. LEHMENT, Welche Bedeutung haben „Sonderfaktoren" für die Erklärung der Geldnachfrage in der Bundesrepublik Deutschland?, in: Weltwirtschaftliches Archiv, Bd. 116 (1980), S. 678f. Dort zeigt sich, daß es auch für die Verhältnisse in der Bundesrepublik Deutschland keinen signifikanten Zusammenhang zwischen Bargeldhaltung und Schattenwirtschaft gibt.

6 Siehe V. TANZI, The Underground Economy in the United States: Estimates and Implications, in: Banca Nazionale Del Lavoro Quarterly Review, No. 135, Dez. 1980, S. 435.

von Bargeld zur Geldmenge M_2 allein oder auch nur vorwiegend durch die Ausdehnung (oder die Rückbildung) der Untergrundwirtschaft bedingt sind. So kann es, wie seit einiger Zeit bei uns, (zinsinduziert) Verlagerungen nicht nur von Sichteinlagen, sondern auch von Spareinlagen zu Termineinlagen geben. Bargeld mag ebenfalls in Termingeld umgewandelt werden. Daß das Verhältnis von Bargeld zur Geldmenge M_2 ein fragwürdiger Indikator für die Betätigung in der Schattenwirtschaft ist, zeigt sich auch daran, daß in der Bundesrepublik dieses Verhältnis (wie übrigens auch das von Bargeld zur Geldmenge M_3) seit 1969 im Trend abnehmende Werte aufweist. Dies würde auf einen Rückgang der Schattenwirtschaft hindeuten; aber das ist eine ganz und gar unplausible Vorstellung – auch wenn man (wie TANZI) nur die steuerinduzierte illegale Bargeldhaltung ins Bild nimmt.

Was die Umlaufsgeschwindigkeit des Geldes in der Schattenwirtschaft angeht, so ist die einfachste (und meistens gebrauchte) Annahme, sie sei die gleiche wie in der offiziellen Wirtschaft. FEIGE hat in der oben erwähnten vorläufigen Studie diese Annahme kritisiert; er meint, die Umlaufsgeschwindigkeit sei im Untergrund größer. FEIGE begründet seine Auffassung damit, daß es in der Schattenwirtschaft einen relativ hohen Anteil von Dienstleistungen gebe und daß daher der „final output" je Dollar hier größer sei als in der offiziellen Wirtschaft. Dies zeigt, daß er die Umlaufsgeschwindigkeit nicht nur auf den Einkommenskreislauf, sondern auch auf die Produktionssphäre bezieht – und dann hätte das Argument Gewicht. Zur quantitativen Bestimmung der Schattenwirtschaft operiert FEIGE aber mit der Relation der monetären Umsätze zum Bruttosozialprodukt, die nach seiner Ansicht bei Existenz einer Schattenwirtschaft größer ist als in einem Referenzzeitraum (1939), in dem es kaum Schattenwirtschaft gegeben hat, und deren Vergleich über die Zeit es nach seiner Meinung möglich macht, Ausdehnung und Rückbildung der Untergrundwirtschaft abzuschätzen. Zum Bruttosozialprodukt paßt aber nur die Umlaufsgeschwindigkeit im Einkommenskreislauf. Denn Proportionalität zwischen dem Einkommen und dem Umsatz einer Volkswirtschaft darf (auch wenn bei letzterem der „finanzielle" und der staatswirtschaftliche Bereich ausgeschlossen bleiben) wegen Veränderung der Wirtschaftsstruktur, der vertikalen Differenzierung der Produktion und der Kapitalintensität nicht einfach unterstellt werden[7].

Meines Erachtens spricht mehr dafür, daß die Umlaufsgeschwindigkeit des (in der Schattenwirtschaft vorwiegend verwendeten) Bargeldes kleiner ist als in der offiziellen Wirtschaft. Denn wegen der Irregularität der Umsätze und der damit verbundenden Heimlichkeit (sowohl in der Einkommens- als auch in der Produktionssphäre) wird man annehmen dürfen, daß das „schwarze" Bargeld im Verhältnis zu den Umsätzen hier weniger effizient genutzt wird als in der offiziellen Wirt-

[7] Siehe hierzu K. SCHMIDT, Geldwert und Kassenhaltung, Bonner Diss. 1952, S. 75ff.

schaft. Anders gewendet: Die Vorräte an Bargeld werden relativ höher sein und auch länger ungenutzt lagern.

Als Indikator für den Umfang der Schattenwirtschaft werden zwar in erster Linie, aber nicht ausschließlich, Geldgrößen verwendet. Auch die Erwerbsquote, also das Verhältnis von Erwerbstätigen zur Bevölkerung im arbeitsfähigen Alter, wird als Indikator herangezogen. Durch Vergleiche der aktuellen Erwerbsquote mit der Erwerbsqoute von Referenzperioden und mit der Erwerbsquote in anderen Ländern glaubt man, Rückschlüsse auf Größe und Entwicklung der Untergrundwirtschaft ziehen zu können. Allerdings ist dieser Indikator ebenfalls wenig zuverlässig, weil die Erwerbsbeteiligung wesentlich durch Bewegungen in der offizellen Wirtschaft, nicht zuletzt durch konjunkturelle Einflüsse, bestimmt wird. Außerdem bleiben Veränderungen im Verhältnis von Vollzeitarbeit zu Teilzeitarbeit unberücksichtigt, denn bei der Erhebung der Erwerbsbeteiligung wird diese Trennung (jedenfalls gegenwärtig in der Bundesrepublik) nicht vorgenommen. Schließlich scheint es so etwas wie nationale Eigentümlichkeiten der Erwerbsbeteiligung zu geben. Deswegen, aber auch wegen Unterschieden in der Wirtschaftsstruktur und in der Erhebung der Erwerbsbeteiligung, ist gegenüber internationalen Vergleichen der Erwerbsquote als Indikator für den Umfang der Schattenwirtschaft ebenfalls Vorsicht angebracht.

4. Bei den Versuchen, den Umfang der Schattenwirtschaft zu ermitteln, gibt es also eine Fülle von Problemen; sie liegen im Methodischen, in der Abgrenzung, in den Datenquellen sowie in der Unschärfe von Schätzungen und Mutmaßungen. Daher ist es nicht erstaunlich, daß die quantitativen Ergebnisse erheblich voneinander abweichen. Die Angaben für die Größe der Schattenwirtschaft im Verhältnis zum Bruttosozialprodukt weisen dementsprechend große Spannen auf: Für die Vereinigten Staaten liegt die Spanne zwischen 6 v. H. und 22 v. H. (FEIGE geht sogar bis 33 v. H.), in Großbritannien zwischen 3,5 v. H. und 8 v. H., in der Bundesrepublik zwischen 2 v. H. und 10 v. H. und in Italien zwischen 10 v. H. und 33 v. H.[8] Wie groß diese Unsicherheit aber auch ist, es spricht nahezu alles dafür und ist daher auch kaum umstritten, daß die Schattenwirtschaft in den westlichen Industrieländern beträchtlich angewachsen ist und daß sie in zahlreichen Ländern inzwischen eine Größenordnung erreicht hat, die nicht mehr als Randerscheinung vernachlässigt werden darf und auch für die Wirtschaftspolitik keine quantité négligeable mehr ist.

[8] Auch in den Zentralverwaltungswirtschaften des Ostblocks spielt die Schattenwirtschaft offenbar eine große Rolle. Die inoffiziell getane Arbeit ist dort, so der Exil-Tscheche und Schriftsteller GABRIEL LAUB, „die einzige Arbeit, die wirklich getan wird, und der einzige Wirtschaftszweig, der wirklich floriert". Vgl. auch P. WILES, Die Parallelwirtschaft, Sonderveröffentlichung des Bundesinstituts für ostwissenschaftliche und internationale Studien, Köln 1981, S. 83ff.

III Ökonomische Wirkungen

1. Wie ist die Schattenwirtschaft, die einen solchen Umfang erreicht hat und möglicherweise noch weiter anwächst, zu beurteilen? Schadet sie gesamtwirtschaftlich, oder hilft sie bei der Lösung mancher Probleme? Soll man sie kriminalisieren oder augenzwinkernd zulassen? Zeigt sich darin ein Niedergang staatspolitischer Gesinnung, oder handelt es sich dabei um die verständliche Reaktion malträtierter Bürger?

Bei dem Versuch, Antworten auf diese Fragen zu finden (und mehr als ein Versuch kann das folgende nicht sein), stellt man zweckmäßigerweise die Vorfrage, was das Auftreten der Schattenwirtschaft „signalisiert", als was es also anzusehen ist. Nach meinem Verständnis zeigt sich darin in einem engeren Sinne, daß das wirtschaftliche Regelsystem gestört ist, und in einem weiteren Sinne, daß an dem Verhältnis zwischen Bürger und Staat etwas nicht stimmt. Davon ausgehend werde ich mich zunächst mit Ursachen der Schattenwirtschaft, dann mit ihren Wirkungen beschäftigen und abschließend einige Anmerkungen zu dem Problem machen, wie man den soeben beschriebenen Störungen beikommen könnte.

Einhellig wird die Meinung vertreten, daß die hohe Abgabenlast eine Haupttriebfeder für die Betätigung in der Schattenwirtschaft ist. Besonders die direkten Steuern (für Arbeitnehmer also die Lohnsteuer) und die Beiträge zur Sozialversicherung veranlassen Handwerker, öffentlich Bedienstete und viele andere, Dienstleistungen in der Untergrundwirtschaft anzubieten und dafür brutto für netto zu kassieren. Tatsächlich liegt in der Bundesrepublik die Differenz zwischen Brutto- und Nettoentgelt für einen Arbeitnehmer, der 18 000 DM als Alleinstehender beziehungsweise 36 000 DM als Verheirateter im Jahr zu versteuern hat, bei 40 v. H. je zusätzliche Mark Einkommen. Arbeitnehmer, die sich in der Schattenwirtschaft betätigen, können daher, auch wenn sie ihre Lohnansprüche nur um die Hälfte des marginalen Abgabesatzes über ihren offiziellen Nettolohn anheben, erheblich mehr erlösen als im Dienste eines Arbeitgebers. Ihren Kunden, in erster Linie private Haushalte, käme dann über niedrigere Preise die andere Hälfte zugute. Aber das ist keineswegs alles, was es an Vorteilen zwischen den Geschäftspartnern in der Schattenwirtschaft zu verteilen gibt. Zur Disposition steht auch das, was beispielsweise ein Handwerksbetrieb außer der Lohnsteuer, den Arbeitnehmer- und Arbeitgeberbeiträgen zur Sozialversicherung seinen Kunden an anderen Kosten, die bei ihm infolge staatlicher Abgaben und Auflagen anfallen, lohnbezogen in Rechnung stellen muß. Dazu zählen indirekte Steuern, insbesondere die Mehrwertsteuer, sowie Aufwendungen, die mit Geboten und Verboten verbunden sind – nicht zuletzt die Kosten, die beim Beschaffen von Genehmigungen anfallen. Der „Verteilungsspielraum", der bei Geschäften in der Schattenwirtschaft zur Verfügung steht, läßt sich annähernd an der Differenz ablesen, die zwischen dem Stundensatz, den ein Handwerksbetrieb seinen Kunden als Lohnkosten berechnet, und dem Nettostundenlohn seiner Gesellen besteht. Zusätzlicher „Verteilungsspielraum" kann auf Seiten der Auftraggeber von Schwarzarbeit von Vorschriften herrühren, die bestimmte Aktivitäten (wie den Ausbau eines Kellers) verbieten. Bei „unterirdischen" Geschäftsbeziehungen können also beide Parteien aus Gründen, die auf beiden Seiten liegen, beträchtliche Vorteile einstreichen.

Ein anderer Grund für die Entwicklung der Schattenwirtschaft ist wahrscheinlich in der Zunahme der für Schwarzarbeit verfügbaren Zeit zu sehen. Es handelt sich dabei um einen mitwirkenden Faktor in doppeltem Sinne. Einerseits ist die Verringerung der offiziellen Arbeitszeit eine Voraussetzung der Schwarzarbeit, andererseits mag die Zunahme der Freizeit solche Art Tätigkeit hervorlocken. Es möchte auch sein, daß (wie die Geschichte unserer beiden Maler zeigt) auf manche, die ihre Dienstleistungen in der Schattenwirtschaft anbieten, die Möglichkeit, die Arbeitszeit und deren Verteilung über die Woche, den Monat oder das Jahr individuell zu bestimmen, eine gewisse Attraktion ausübt. Sie können auf diese Weise auch eine staatlich verfügte oder vertraglich festgelegte Begrenzung der offiziellen Arbeitszeit umgehen.

Gelegentlich wird darauf hingewiesen, daß auch Verdrossenheit mit der Politik im allgemeinen oder mit der Politik in einzelnen Bereichen (und hier nicht zuletzt mit der Ausgabenpolitik des Staates) die Neigung vergrößert, in der Schattenwirtschaft tätig zu werden. Es fällt schwer, dieses Argument zu bewerten. Ich halte es eher für eine Art Alibi der Schwarzarbeiter und ihrer Kunden. Dies würde, falls es zuträfe, darauf hindeuten, daß die in der Untergrundwirtschaft Tätigen gegenüber sich selbst einen Rechtfertigungsbedarf verspüren, und das mag man wiederum als Indiz dafür nehmen, daß zu der (objektiven) Möglichkeit, von der economìa sommersa zu profitieren, die (subjektive) Bereitschaft für dieses Tun treten muß, damit es tatsächlich zu irregulärer wirtschaftlicher Betätigung kommt. Diese Bereitschaft hängt im wesentlichen von der Bindung an außerökonomische Faktoren wie religiös oder ethisch begründete Normen und staatlich oder gesellschaftlich bestimmte Regeln ab. Das Schwinden dieser Bindungen ist daher eine wesentliche Bedingung dafür, daß mehr und mehr Schwarzarbeit angeboten und nachgefragt wird. So gesehen ist es eigentlich nicht überraschend, daß mit zunehmender Permissivität in den Industriestaaten der westlichen Welt steigende Abgaben und mehr Freizeit zu der beobachteten Ausdehnung der Schattenwirtschaft geführt haben.

Das Androhen von Strafen scheint (jedenfalls bisher) keine große Gegenwirkung gehabt zu haben. Die Erklärung dafür liegt wohl darin, daß die Grenzen zur erlaubten Nachbarschaftshilfe fließend sind, daß aber auch jenseits dieser Grauzone die Gefahr der Entdeckung gering ist und daß die allfälligen Sanktionen im Vergleich zu den „Gewinnchancen" in der Untergrundwirtschaft kaum abschreckend wirken. Und wer wirklich bestraft wird, weil er schwarz gearbeitet hat oder schwarz hat arbeiten lassen, verliert kaum an Ansehen.

2. In der wirtschaftspolitischen Diskussion gibt es unterschiedliche Meinungen über die Betätigung in der Schattenwirtschaft. Die negativ betroffenen Verbände und Institutionen nehmen selbstverständlich eine abweisende Haltung ein. Immer wieder beklagen beispielsweise Handwerkskammern und Architektenkammern, daß ihren Mitgliedern durch die Schwarzarbeit Aufträge entgehen[9]. In diesem Zusammenhang wird auch vorgebracht, daß mehr Arbeitnehmer beschäftigt werden könnten, wenn die Schwarzarbeit eingedämmt würde. (Ich werde darauf sogleich zurückkommen.) Es sind jedoch auch andere Meinungen zu vernehmen. Zwar gibt es wohl kaum einen ernstzunehmenden Politiker, der für die Schwarzarbeit eintritt; aber nicht wenige praktizieren Toleranz. Und sie haben dafür zumindest einen guten Grund: Der Umstand, daß man sich in der Schattenwirtschaft betätigen kann, dient offenbar dem sozialen Frieden mehr, als er diesem schadet.

a) Damit sind wir bei den Wirkungen der Untergrundwirtschaft angelangt, genauer: bei ihren distributiven Effekten. Und hier gibt es wirklich eine Überraschung: Die Chancen, durch Schwarzarbeit das offizielle Einkommen (oder die offiziellen Transferzahlungen) aufzustocken, sind bei den Auftragnehmern berufsspezifisch sehr verschieden. Auch bei den Auftraggebern, also im wesentlichen bei den privaten Haushalten, sind die Chancen, Vorteile aus der Schattenwirtschaft zu ziehen, nicht gleichmäßig verteilt, aber doch wohl gleichmäßiger als bei den Auftragnehmern. Keineswegs ist es aber so, daß die Möglichkeiten, von der Schwarzarbeit auf die eine oder andere Weise zu profitieren, bei den „Armen" am größten sind. Daher ist zu vermuten, daß die Untergrundwirtschaft, für sich genommen, eher auf mehr als auf weniger Ungleichheit in der Verteilung der verfügbaren Einkommen hinwirkt; und obwohl dies wider den redistributiven Zug im Geist unserer Zeit verstößt, gibt es kaum Kritik daran. Offenbar finden diejenigen, die ihre Kenntnisse und Talente in der Schattenwirtschaft verwerten können, für ihr Tun viel Verständnis bei denjenigen, die davon nicht zu profitieren vermögen[10]. Und das ist wohl auch die Erklärung dafür, daß Aktivitäten in der Schattenwirtschaft (auch oder gerade in einer Zeit hoher Arbeitslosigkeit) dem sozialen Frieden eher dienen als schaden.

[9] Das schließt nicht aus, daß Betriebe mit ihren Mitarbeitern im Hinblick auf Schwarzarbeit „kooperieren" – sei es, indem sie sich Überstunden bar bezahlen lassen und hieraus ihre Mitarbeiter, die die Überstunden gemacht haben, brutto für netto entlohnen, sei es, indem sie ihren „auf eigene Rechnung" tätigen Mitarbeitern Gerät unentgeltlich und Material zum Einkaufspreis zur Verfügung stellen.

[10] Vermutlich spielt dabei nicht zuletzt der Umstand mit, daß das Ausmaß der Chancenungleichheit unbekannt ist.

b) Aus konjunktur- und beschäftigungspolitischer Sicht ist zunächst zu vermerken, daß es anscheinend Schwankungen im Umfang der Schattenwirtschaft gibt, die dem Konjunkturverlauf entgegengerichtet sind, also antizyklisch wirken; in Zeiten einer Rezession liegt die irreguläre wirtschaftliche Aktivität wahrscheinlich höher als in Zeiten eines Booms. Das rührt wohl daher, daß in schlechten Zeiten mehr Arbeitslose in der Untergrundwirtschaft tätig werden. Die tatsächliche Unterbeschäftigung ist dann geringer, als die Arbeitslosenstatistik ausweist.

Eine Eindämmung der Schwarzarbeit mit Hilfe staatlicher Zwangsmaßnahmen würde, soweit davon Arbeitslose betroffen werden, die bisher in der Schattenwirtschaft gearbeitet haben, in bezug auf die tatsächliche Beschäftigung folglich nur einen „statistischen" Erfolg bringen – selbst wenn die Umsetzung im Verhältnis eins zu eins gelänge. Das wäre jedoch keineswegs sicher; denn die höheren Preise in der offiziellen Wirtschaft verhinderten, daß die Produktion zu hundert Prozent vom irregulären zum regulären Sektor umgesetzt würde. Dieser Effekt könnte in bezug auf die Beschäftigung freilich gemindert und unter Umständen sogar mehr als ausgeglichen werden, wenn es gelänge, die Schwarzarbeit auch bei denjenigen einzudämmen, die nicht arbeitslos sind. Insoweit entstünden in der offiziellen Wirtschaft netto zusätzliche Arbeitsplätze.

Die Wirkung einer Eindämmung der Schattenwirtschaft würde vermehrt zu offiziellen Arbeitsplätzen führen, wenn, was oft behauptet wird, zutreffen sollte, daß die (durch die Arbeitsleistung bestimmte) Produktivität in der Untergrundwirtschaft größer ist als in der offiziellen Wirtschaft. Wie weit dadurch die Beschäftigungseinbußen ausgeglichen würden, die mit dem Produktionsrückgang verbunden sind, der infolge der Eindämmung der Schwarzarbeit einträte, ist eine Frage, die sich nicht situationsneutral beantworten läßt. Das Ergebnis hängt von vier Faktoren ab: von der Preiselastizität der Nachfrage, von dem Zusammenhang zwischen Produktion und Beschäftigung, von dem Verhältnis, in dem Arbeitslose und abhängig Beschäftigte Schwarzarbeit ausüben, und von allfälligen Unterschieden der (durch die Arbeitsleistung bestimmten) Produktivität in der Untergrundwirtschaft und in der offiziellen Wirtschaft.

Vorteile von einer Eindämmung der Schattenwirtschaft hätte freilich in jedem Fall der Staat; denn er wäre an der zusätzlichen regulären Tätigkeit nach Maßgabe seiner Abgaberegelungen beteiligt. Den Unternehmen brächte die Überführung von Schwarzarbeit in reguläre Arbeit normalerweise Gewinne; beim Staat stiegen die Personalkosten, die Zahlungen von Arbeitslosenunterstützung gingen zurück.

c) Unter allokativen Gesichtspunkten ist zunächst darauf hinzuweisen, daß es in der Schattenwirtschaft, weil hier Abgaben vermieden und Auflagen umgangen werden können, starke Leistungsanreize gibt und daß es auch nicht zu den Verzerrungen kommt, die staatliche Abgaben und Auflagen mit sich bringen. Von daher ist es wahrscheinlich, daß in der Untergrundwirtschaft Arbeit und Kapital effizient genutzt werden, und manche Unvollkommenheiten der offiziellen Wirtschaft, nicht zuletzt solche des staatswirtschaftlichen Sektors, mögen dadurch gemindert werden[11]. Aber es gibt auch Gegenposten. So ist mit mehr Risiken zu rechnen, wenn man sich aktiv oder passiv in der Schattenwirtschaft betätigt. Zwar ist die Gefahr der Entdeckung und Bestrafung gering, aber sie ist nicht Null. Bei Reklamationen können sich Schwierigkeiten ergeben, besonders wenn bereits bar gezahlt ist. Unfälle mögen Haftungsprobleme mit sich bringen. Weiter bestehen in der Untergrundwirtschaft Marktunvollkommenheiten wegen der Behinderung des Informationsflusses, die ihrerseits durch die weitgehende Heimlichkeit der Schattenwirtschaft bedingt ist; Anbieter und Nachfrager können nicht so leicht miteinander in Verbindung treten wie in der offiziellen Wirtschaft. Diese Kommunikationsschwäche dürfte bei Anwachsen der Untergrundwirtschaft allerdings abnehmen. Wegen der Heimlichkeit gehen in der Schattenwirtschaft wohl auch Vorteile der betrieblichen Arbeitsteilung verloren. Schließlich sei auf die Besonderheit aufmerksam gemacht, daß in der Schattenwirtschaft, weil Heimlichkeit geboten ist, arbeitsintensiv produziert wird. Bei Ausbreiten der Untergrundwirtschaft steht daher zu erwarten, daß aus der offiziellen Wirtschaft Arbeit abgezogen wird, die dort bisher kapitalintensiver genutzt worden ist. Das führt, für sich genommen, zu einer Kapitalextensivierung und damit zu einer Verringerung der gesamtwirtschaftlichen Arbeitsproduktivität, und dies ist weder durch Veränderungen in der Nachfragestruktur noch durch Veränderungen in den Produktionsverfahren bedingt; der Grund liegt vielmehr darin, daß Kosten vermieden werden, die der Staat verursacht.

Dem ist freilich wiederum entgegenzuhalten, daß (wie oben gezeigt) bei Existenz einer Schattenwirtschaft die Produktion im ganzen größer ist, als wenn es nur eine offizielle Wirtschaft gäbe. Diese wäre freilich umfangreicher als der offizielle Sektor, mit dem man in der entsprechenden dual economy zu rechnen hätte, und hier müßten folglich (bei sonst gleichen Verhältnissen) die Abgaben höher sein und die Auflagen mehr Kosten verursachen als dort.

Dieser Vergleich setzt jedoch voraus, daß für die Volkswirtschaft im ganzen Abgaben und Auflagen in beiden Fällen gleich hoch sind. Aber das ist eine ziemlich unrealistische Annahme[12]. Sie verdeckt zudem ein anderes allokatives Problem, nämlich die Frage nach dem optimalen Umfang staatswirtschaftlicher Aktivität. Existenz und Ausdehnung der Schattenwirtschaft können als Protest gegen die Höhe der Abgaben und den Umfang der Auflagen genommen werden; die staats-

11 Es ist übrigens keineswegs so, als ob in der Schattenwirtschaft Auflagen, die der Staat macht, generell unbeachtet blieben. Sicher wird vieles davon befolgt – aber ohne den Zeit- und Kostenaufwand, der wegen des Einhaltens der Auflagen in der offiziellen Wirtschaft entsteht.

12 Jedenfalls ist nicht zu erwarten, daß mit dem Ausbreiten der Schattenwirtschaft die Abgabensätze in der offiziellen Wirtschaft ständig erhöht werden können.

wirtschaftliche Aktivität wird demnach als überdimensioniert angesehen. Für eine Volkswirtschaft ohne Untergrundsektor darf man daher nicht einfach die gleichen Abgaben und Auflagen annehmen wie für eine entsprechende Volkswirtschaft mit einem Schattensektor. Zu berücksichtigen ist freilich, daß Abgaben und Auflagen nicht die einzige Ursache für eine Betätigung in der Schattenwirtschaft sind und daß die subjektive Bereitschaft für dieses Tun (ebenso wie die Steuermoral) von Land zu Land recht verschieden sein kann. Gleichwohl ist die Existenz einer Schattenwirtschaft, besonders wenn sie sich ungefähr parallel mit der Ausdehnung des öffentlichen Sektors ausbreitet, doch ein ernstzunehmendes Indiz dafür, daß den Bürgern die staatswirtschaftliche Aktivität zu teuer ist.

d) Der Umstand, daß in der Schattenwirtschaft, abgesehen vom Wohnungsbau auf dem Lande, kaum größere (sichtbare) Investitionen vorgenommen werden, hat auch Bedeutung für das wirtschaftliche Wachstum. Denn weil, wie oben gezeigt, in der Schattenwirtschaft (wegen der Ersparnis von Kosten, die der Staat verursacht) trotz niedrigerer Preise höhere Nettolöhne gezahlt werden können, sind hier Produktionsverfahren rentabel, bei denen – im Vergleich zur offiziellen Wirtschaft – mehr Arbeit mit weniger Kapital kombiniert wird. Wenn die Schattenwirtschaft an Gewicht gewinnt, nimmt also der Kapitalbestand und damit auch das sachliche Produktionspotential einer Volkswirtschaft langsamer zu als sonst. Andererseits ist, wie ebenfalls bereits gezeigt, in einer Volkswirtschaft, in der es Schwarzarbeit gibt, mit einem größeren Arbeitsvolumen zu rechnen als in einer entsprechenden Volkswirtschaft, die keinen Untergrundsektor hat. Es ist freilich nicht zu erwarten, daß das Arbeitsvolumen in der Schattenwirtschaft dauernd genügend ansteigt, um sicherzustellen, daß dadurch das geringere Tempo der Zunahme des sachlichen Produktionspotentials im offiziellen Sektor ausgeglichen wird. Es gibt also Grenzen der Kompensation, und das spricht dafür, daß das wirtschaftliche Wachstum langfristig doch beeinträchtigt wird.

Mit ziemlicher Sicherheit wird die Zunahme des sachlichen Produktionspotentials dadurch verlangsamt, daß Forschung und Entwicklung in der Schattenwirtschaft kaum eine Chance haben. Auch das hängt damit zusammen, daß wegen der weitgehenden Heimlichkeit größere technische Anlagen im Untergrund in nennenswertem Umfang nicht betrieben werden können. Anders gewendet: Die Schattenwirtschaft bringt kaum für das Wachstum wesentliche Verbesserungen der Produktionsverfahren zustande; sie nutzt lediglich, soweit sie es gebrauchen kann, was davon in der offiziellen Wirtschaft entwickelt worden ist. Insgesamt gehen einer Volkswirtschaft dadurch wahrscheinlich Innovationsimpulse verloren.

e) Von einigen Autoren wird der Schattenwirtschaft auch angelastet, daß sie zu Fehlentscheidungen der Wirtschaftspolitik beitragen könne. Dies wird damit begründet, daß die Statistik, die nur das Geschehen in der offiziellen Wirtschaft erfaßt, falsche Signale liefere. So sei es möglich, daß das Wachstum des Bruttosozialprodukts zu klein, Arbeitslosigkeit und Preisniveausteigerungen dagegen zu hoch ausgewiesen werden. Es gibt sogar die Meinung, daß Stagflation teilweise das Ergebnis „falscher“ Statistiken sei. Angesichts des Umfangs der Arbeitslosigkeit und der Höhe der Inflationsraten wie auch der offensichtlichen Wachstumsschwäche in den meisten Industriestaaten der westlichen Welt wird man das Argument von den falschen Signalen (zumindest gegenwärtig) als Übertreibung ansehen müssen. Der Sorge, daß die Wirtschaftspolitik dadurch zu falschen Entscheidungen verleitet werden könnte, liegt nach meiner Meinung außerdem ein falsches oder zumindest sehr eingeschränktes, nämlich lediglich „reaktives“ Verständnis der Wirtschaftspolitik zugrunde. Eine Wirtschaftspolitik, die ausschließlich oder auch nur hauptsächlich auf Zahlen der Statistik reagierte, würde nicht nur weit von dem entfernt operieren, was ihre Aufgabe ist; eine solche Wirtschaftspolitik gibt es auch faktisch kaum, selbst wenn sie weitgehend „eingemauert“ ist.

Nimmt man alles zusammen, dann zeigt sich, daß über die Schattenwirtschaft in ökonomischer Sicht kein eindeutiges Urteil gefällt werden kann. Sicher ist sie in ihren ökonomischen Wirkungen nicht so schlecht, wie sie gelegentlich gemacht wird. Aber sie ist auch alles andere als ein Allheilmittel für Unzulänglichkeiten im offiziellen Sektor der Volkswirtschaft.

3. Der Umstand, daß sich unter ökonomischem Aspekt kein klares Pro oder Kontra in bezug auf die Schattenwirtschaft begründen läßt, heißt freilich nicht, daß deshalb das Gesamturteil unentschieden bleiben muß. Denn nicht im Ökonomischen, sondern im Politischen liegen meines Erachtens die gravierenden Einwände und Bedenken gegen die Schattenwirtschaft begründet. Die Ausbreitung der Untergrundwirtschaft ist nämlich nicht nur ein Zeichen von Störungen im Wirtschaftsablauf und in der Wirtschaftspolitik, sondern, wie oben bereits angedeutet, auch ein Indiz dafür, daß zwischen Bürgern und Staat eine Entfremdung im Gange ist. Und das ist in Demokratien wirklich ein Grund zur Sorge.

Staatliche Zwangsmaßnahmen gegen die Betätigung in der Schattenwirtschaft sind daher keine geeignete Therapie; sie würden das Verhältnis zwischen Bürger und Staat noch mehr belasten. Im übrigen sind Zweifel angebracht, ob strengeren Vorschriften, höheren Strafen und schärferen Kontrollen durchgreifender Erfolg beschieden wäre. Will man der Schattenwirtschaft mit Aussicht auf Gelingen entgegenwirken, muß man nach Maßnahmen anderer Art Ausschau halten. Der Sachverständigenrat hat in seinem Jahresgutachten 1980 geschrieben, daß der Staat darauf bedacht sein müsse, die Loyalität seiner Bürger nicht zu überfordern, und daß er darauf sehen solle, im Abgabenbereich ebenso wie anderwärts Regeln festzulegen, die die Bürger als fair ansehen können. Was das im einzelnen sein könnte, muß wohl in bezug auf die jeweilige Situation herausgefunden werden. Leicht ist das trotz der großen Spannweite möglicher Maßnahmen sicher nicht. Diese reicht von einer begrenzten Abgabenentlastung wie einer Aufhebung der progressiven Besteuerung der Entgelte für Überstunden über Deregulationen auf vielen Gebieten bis hin zu grundlegenden Reformen wie einer Umgestaltung unseres Systems der sozialen Sicherung in Richtung auf eine Kombination von Grundversorgung für jedermann und individueller Vorsorge darüber hinaus.[13]

Die Wahrscheinlichkeit, daß es in den westlichen Industrieländern zu einer ins Gewicht fallenden Minderung der Abgaben- und Auflagenlast kommt, ist freilich nicht sehr groß. Daher steht zu befürchten, daß dort, wo das Ausweichen in die Schattenwirtschaft schon etwas Selbstverständliches geworden ist, eine Rückgewöhnung nicht zustande gebracht wird, und daß dort, wo die Schattenwirtschaft noch wenig entwickelt ist, ihre Ausdehnung kaum verhindert werden kann. Appelle an die Einsicht der Bürger werden vermutlich nicht viel nutzen, wenn die Anreize für eine Betätigung in der Untergrundwirtschaft so groß bleiben. Helfen würde wohl, wenn emotionale Bindungen der Bürger zu »ihrem« Staat geschaffen werden könnten. Aber ich bin ganz unsicher, ob man das wünschen soll. Denn Hand in Hand damit entstünde auch die Gefahr, daß diese Bindungen mißbraucht werden können.

13 Die Schattenwirtschaft legalisieren, wovon in der Diskussion des Vortrags die Rede war, trüge m.E. nicht zu einer Lösung bei. Zum einen deswegen nicht, weil dann die ungleiche Verteilung der Betätigungsmöglichkeiten in der Schattenwirtschaft und die damit verbundenen Wirkungen auf die Verteilung der verfügbaren Einkommen besser bekannt würden, und das möchte die Nachsicht der „Minderbegünstigten" vielleicht dann doch strapazieren. Zum zweiten (und das ist wichtiger) stellten sich wahrscheinlich gravierende Probleme in den Fällen ein, in denen Arbeitslose und Krankgemeldete schwarz arbeiten; einfach die Entgelte für Schwarzarbeit als zusätzliche Verdienste zulassen, stünde im Widerspruch zu Idee und Praxis der Sozialversicherung. Bei Beschäftigten, die schwarz arbeiten, wäre wohl zu befürchten, daß sie sich im Schattensektor noch intensiver betätigen als bisher. Drittens (und das ist das Wichtigste) nähme die Schattenwirtschaft bei ihrer Legalisierung sicher weiter zu. Da der Staat aber nur im offiziellen Sektor der Volkswirtschaft Abgaben erhebt, müßte hier die Abgabenlast weiter ansteigen. Dies würde zu einer weiteren Verschiebung der wirtschaftlichen Betätigung in den Untergrundsektor führen und abermals höhere Abgaben im offiziellen Sektor nach sich ziehen. Die allokations- und wachstumspolitischen Nachteile der Schattenwirtschaft würden überhand nehmen, und der Staat käme bei der Finanzierung seiner Leistungen (auch der Leistungen der Sozialversicherung) mehr und mehr in Bedrängnis.

Literatur

ASSMUS, B., Schwarzarbeit international, Tragende Säule, in: Capital 10/81, S. 177.

BENTSEN, H. L., u. a., The Underground Economy, Hearing before the Joint Economic Committee Congress of the United States, Ninety-Sixth Congress, First Session, 15. Nov. 1979, Washington 1980.

BLADES, D., The Hidden Economy and National Accounts, in: OECD Economic Outlook, Occasional Studies, June 1982, S. 28 ff.

CRAMER, J. S., The Regular and Irregular Circulation of Money, Paper to Be Presented at the 1980 Meeting of the American Econometric Association, Denver, Second draft, August 1980.

DILNOT, A. and C. N. MORRIS, What Do We Know About the Black Economy, in: Fiscal Studies, Vol. 2, No. 1, March 1981, S. 58ff.

EKSTRAND, L. E., Factors Affecting Compliance: Focus Group and Survey Results, in: National Tax Association – Tax Institute of America, Proceedings of the Seventy-Third Annual Conference, 1980, New Orleans, Louisiana, S. 253ff.

FEIGE, E. L., How Big is the Irregular Economy?, in: Challenge, November/December 1979, S. 5ff.

FREY, B. S., Wie groß ist die Schattenwirtschaft? Beitrag für Wirtschaft und Recht, Festschrift für Emil Küng, Manuskript, Januar 1981.

FREY, B. S., Schattenwirtschaft, Schwierig zu fassen, in: Wirtschaftswoche, Nr. 46 v. 6. 11. 1981, S. 78ff.

FREY, B. S. u. W. W. POMMEREHNE, Measuring the Hidden Economy: Though this be Madness, yet there is Method in it? in: V. TANZI, ed., The Underground Economy in the United States and Abroad, Lexington, Mass.–Toronto 1982.

FREY, B. S. and H. WECK, Estimating the Shadow Economy: A „Naive" Approach, Paper to be published in Oxford Economic Papers, 1982.

GARCIA, G., The Currency Ratio and the Subterranean Economy, in: Financial Analysts Journal, November/December 1978, S. 64ff.

GERSHUNY, J. I., The Informal Economy, Its Role in Post-Industrial Society, in: Futures, February 1979, S. 3ff.

GRETSCHMANN, K. u. W. ULRICH, Wirtschaft im Untergrund, in: Wirtschaftsdienst, 60. Jg. (1980), S. 444ff.

GUTMAN, P. M., The Subterranean Economy, in: Financial Analysts Journal, November/December 1977, S. 26ff.

HARRIS, D. C., Underground Economy: What Can and Should Be Done: The Federal Role, in: National Tax Association – Tax Institute of America, Proceedings of the Seventy-Third-Annual Conference, 1980, New Orleans, Louisiana, S. 262ff.

Internal Revenue Service, Estimates of Income Unreported on Individual Income Tax Returns, Washington, Sept. 1979.

ISACHSEN, A. J. u. S. STRØM, The Hidden Economy: The Labor Market and Tax Evasion, in: Scandinavian Journal of Economics, 1980, 82 (2), S. 304ff.

LANGFELDT, E. und H. LEHMENT, Welche Bedeutung haben „Sonderfaktoren" für die Erklärung der Geldnachfrage in der Bundesrepublik Deutschland?, in: Weltwirtschaftliches Archiv, Bd. 116 (1980), S. 669ff.

POMMEREHNE, W. W. et B. S. FREY, L'étendue et l'évolution de l'économie souterraine: approches de mesure et estimations, à paraitre dans: Analyses de la S.E.D.E.I.S., 1982.

PORTER, R. D., Some Notes on Estimating the Underground Economy, vorläufige Studie vom 10. 8. 1979.

PORTER, R. D. and THURMAN, ST. S., The Currency Ratio and the Subterranean Economy: Additional Comments, unveröffentlichtes Manuskript vom 26. 1. 1979.

Ross, I., Why the Underground Economy, in: Fortune, October 9, 1978, S. 92ff.

ROTHENBERG, L., Underground Economy: What Can and Should Be Done, The State Role, in: National Tax Association – Tax Institute of America, Proceedings of the Seventy-Third-Annual Conference, 1980, New Orleans, Louisiana, S. 267ff.

Sachverständigenrat zur Begutachtung der gesamtwirtschaftlichen Entwicklung, Unter Anpassungszwang, Jahresgutachten 1980/81, Stuttgart und Mainz 1980, Ziffer 296.

SCHMIDT, K., Geldwert und Kassenhaltung, Bonner Diss. 1952

SCHMIDT, K. u. CH. GARSCHAGEN, Artikel „Korruption", in: Handwörterbuch der Wirtschaftswissenschaften, Bd. 4, 1978, S. 565ff.

SCHMÖLDERS, G., Der heimliche Beitrag zum Sozialprodukt, in: Frankfurter Allgemeine Zeitung, Nr. 58 v. 8. 3. 1980.

SCHMÖLDERS, G., Der Beitrag der „Schattenwirtschaft", in: Wandlungen in Wirtschaft und Gesellschaft, Festschrift für Walter Adolf Jöhr, hrsg. von EMIL KÜNG, Tübingen 1980, S. 371ff.

SHERMAN, H. C., Schattenwirtschaft – Erfahrungen in den USA, in: ifo-Schnelldienst 16–17/1981, S. 90ff.

SMITH, A., The Informal Economy, in: Lloyds Bank Review, July 1981, Nr. 141, S. 45ff.

STRØM, ST., The Hidden Economy: The Labor Market and Tax Evasion, in: Scandinavian Journal of Economics 1980, 82 (2), S. 304ff.

TANZI, V., The Underground Economy in the United States: Estimates and Implications, in: Banca Nazionale Del Lavoro, Quarterly Review, Nr. 135, December 1980, S. 427ff.

TANZI, V. ed., The Underground Economy in the United States and Abroad, Lexington, Mass.–Toronto 1982.

WILES, P., Die Parallelwirtschaft, in: Sonderveröffentlichung des Bundesinstituts für ostwissenschaftliche und internationale Studien, Juni 1981.

WOLFE, S. B., Magnitude and Nature of Individual Income Tax Noncompliance, in: National Tax Association – Tax Institute of America, Proceedings of the Seventy-Third-Annual Conference, 1980, New Orleans, Louisiana, S. 271ff.

o. V., Der informelle Sektor, Ein dünnes Sicherheitsnetz für die Weltwirtschaft?, Neue britische Erhebungen über die „Black Economy", in: Neue Zürcher Zeitung, Nr. 108 v. 13. 5. 1981, S. 13.

o. V., The Underground Economy's Hidden Force, in: Business Week, April 5, 1982, S. 64.

o. V., Schwarzarbeit: „Unglaublich, was da läuft", in: Der Spiegel, Nr. 46, 35. Jg. v. 9. 11. 1981.

o. V., Schwarzarbeit, Debatte im Deutschen Bundestag, in: Deutsches Handwerksblatt, 10/1981, S. 337f.

Diskussion

Herr Krelle: Herr Schmidt, kann man die Schattenwirtschaft nicht auch als Spezialfall des free rider-Problems, also des Schwarzfahrerproblems auffassen, so ähnlich, wie wenn jemand auf der Straßenbahn oder auf einem sonstigen öffentlichen Verkehrsmittel schwarzfährt?

Öffentliche Anlagen werden durch Steuern finanziert, und Sozialversicherungsleistungen wie die der Krankenversicherung, der Rentenversicherung und der Arbeitslosenversicherung durch Sozialabgaben. Derjenige, der schwarzarbeitet, entzieht sich der gemeinsamen Belastung, die wir alle im Interesse einer normalen Wirtschaft und Gesellschaft auf uns genommen haben.

Nun kann man versuchen, dies durch Kontrolle zu verhindern, wie das bei den öffentlichen Verkehrsmitteln mit mäßigen Erfolg geschieht. Man kann auch versuchen, gewisse öffentliche Güter zu privaten zu machen, so daß diese Güter nicht frei benutzt werden können, sondern nur gegen persönliches Entgelt. Dann entfällt das Problem. Man kann aber auch versuchen, eine gewisse Form der Legalisierung zu erreichen, wenn man die Finanzierung der öffentlichen Leistungen auf andere Weise sicherstellt, so daß sich nicht einzelne dieser Last entziehen können.

Sie haben, wie ich meine, das Pro und Kontra und den Zwiespalt, den man angesichts dieser Situation als Ökonom hat, richtig gekennzeichnet, aber Sie haben eigentlich nicht so recht einen Ausweg aus der Situation anbieten können. Ich will einmal folgendes vorschlagen: Könnte man sich nicht vorstellen, daß man für Beschäftigte in ihrer Freizeit sowie für wirklich Arbeitslose eine ökonomische Betätigung in dieser Freizeit als eine Art Nebentätigkeit zuläßt? Die Beschäftigten haben ja, da sie beschäftigt sind und insofern Steuern und Sozialversicherung zahlen, zu der allgemeinen Last bereits beigetragen. Infolgedessen ist das, was sie zusätzlich in ihrer Freizeit leisten, ein ökonomischer Beitrag, den wir gern entgegennehmen sollten und den wir nicht zu stigmatisieren brauchten. Auf der anderen Seite ist es bei den Arbeitslosen sicher eine Frage, wie weit man da wegen des Anreizes, wieder eine Arbeit anzunehmen, gehen soll.

Wenn ich aber daran denke, daß zum Beispiel unsere gesamte Wirtschaft im Sowjetblock nach Ihrer Definition als Schattenwirtschaft betrachtet würde, weil freie Preise und freier Verkauf ja weitgehend illegal sind …

Herr Schmidt: Irregulär!

Herr Krelle: ... während wir ja gerade dafür eintreten, so könnten wir uns vielleicht einen ökonomischen Ausweg aus diesem free rider-Problem einfallen lassen, der in der liberalen Richtung liegt.

Herr Schmidt: Sicher kann man die Schwarzarbeit als eine spezielle Form von free rider-Verhalten ansehen.

Wenn ich Sie recht verstanden habe, Herr Krelle, sind Sie nicht für Kontrollen, Sie halten nicht viel davon; da sind wir einer Meinung. Und daß man das Problem los wird, wenn man öffentliche Güter gegen ein spezielles Entgelt abgibt, ist klar. Dann haben wir Marktverhältnisse.

Mit der Legalisierung habe ich aus Gründen, die Sie zum Teil schon angedeutet haben, einige Schwierigkeiten. Soll man Schwarzarbeit, die Beschäftigte (in ihrer Freizeit) und Arbeitslose ausüben, als Nebentätigkeit steuer- und beitragsfrei zulassen? Das ginge viel weiter als die Aufhebung der progressiven Zusatzbelastung für Überstunden, von der ich gegen Ende meines Vortrages gesprochen habe als eine Möglichkeit, Schwarzarbeit weniger attraktiv zu machen. Würde diese Nebenverdienstidee realisiert, würden sich die Beschäftigten sicher noch intensiver in der Schattenwirtschaft betätigen als bisher; bei den Arbeitslosen verstieße man gegen Idee und Praxis der Sozialversicherung.

Eine große Sorge ist die ungleiche Verteilung der Chancen, solche Nebenverdienste zu erlangen. Trotz dieser Sorgen wäre ich nicht dagegen, daß diejenigen, die beschäftigt sind und in ihrer Freizeit etwas tun, nicht nur keine zusätzlichen „progressiven“ Steuern zahlen, sondern gar keine zusätzlichen Abgaben entrichten. Man darf jedoch die Mißbrauchsmöglichkeiten nicht übersehen, wie das Beispiel von den Malern zeigt. Die beiden haben sich gern auf Kurzarbeit setzen lassen, um die so gewonnene Zeit „schwarz“ zu verwerten. Und bei den Arbeitslosen ist die Sache deshalb delikat, weil das dann als Schmarotzertum bezeichnet würde, was es zum Teil auch wohl sein würde. Der Mißbrauch ließe sich nur einschränken, wenn man die Zumutbarkeitsregeln für die Übernahme offizieller Arbeit bei den Arbeitslosen entsprechend verschärfen und kontrollieren würde. Aber bei der Kontrolle gibt es Grenzen, nicht nur der Kosten, sondern auch der Menschenwürde wegen.

Herr Krelle: Zu diesem letzten Punkt würde ich gerne noch etwas sagen. Daß man die Kontrolle und die Regeln für die Zumutbarkeit von Arbeit verschärft, ist meines Erachtens ohnehin unbedingt notwendig, und zwar nicht nur aus diesen, sondern aus vielen anderen Gründen. Es ist einfach grotesk, daß man nach Gerichtsurteilen nur dann eine Arbeit anzunehmen braucht, wenn sie im gleichen

Beruf mit der gleichen Bezahlung in 30 km Umgebung vom eigenen Wohnort angeboten wird. Es ist unmöglich, in jedem Fall die Arbeit so zu den Personen hinzuschaffen, daß sich niemand vom Fleck zu bewegen braucht.

Man muß erheblich schärfere Mittel anwenden, um von der Arbeitslosigkeit wegzukommen; sie ist ja weitgehend eine regionale Arbeitslosigkeit. Damit würde dann jedenfalls ein Teil der Bedenken, die Sie gegen diese Regelung haben, beseitigt.

Herr Schmidt: Ich stimme zu, daß im Grunde diese Regeln wohl verschärft werden müssen. In der aktuellen Situation wird man freilich nicht vergessen dürfen, daß die auch in dieser Hinsicht permissive Attitüde viel zum sozialen Frieden beiträgt.

Das ist sicher ein hoher Preis, und ich bin nicht sicher, ob man ihn zahlen sollte. Im übrigen sind es ja nicht die Arbeitslosen selbst, die auf die großzügigen Zumutbarkeitsregelungen gekommen sind. Es ist in diesen wie in anderen Fällen vielmehr so, daß die Politiker durch das Land reisen, den Bürgern sagen, was sie vom Staat fordern sollen, dies dann später auch in Gesetzen festlegen und sich dann (angesichts hoher Kosten) wundern, wenn die Bürger die gebotenen Möglichkeiten ausnutzen.

Ich bin also im Prinzip schon Ihrer Meinung. Wegen der Durchsetzbarkeit, aber auch aus Gründen der Kosten, auch der „sozialen" Kosten, und der Kontrollprobleme habe ich jedoch Reserven.

Herr Feinendegen: Ich möchte gerne zwei Fragen stellen. Die eine Frage bezieht sich auf die Geschichte. Wann ungefähr ist die Schattenwirtschaft als bedeutender Faktor im Wirtschaftsleben aufgetreten, zumindest in den westlichen Ländern? Und die zweite Frage ist: Gibt es zwischen den Schattenwirtschaften in den marktwirtschaftlich orientierten Ländern und den planwirtschaftlich orientierten Ländern besondere Unterschiede in Struktur und Funktionsabläufen?

Herr Schmidt: Bei der ersten Frage kommt es darauf an, wie man die Schattenwirtschaft definiert. So sind in Amerika während der Zeit der Prohibition die Gangstersyndikate von Chicago entstanden. Da wurde der Alkohol von Kanada hereingeschmuggelt. Diese Syndikate haben sich dann nach Aufhebung der Prohibition anderer Tätigkeit gewidmet. Als Untergrundorganisation sind sie also bestehengeblieben.

Das, was ich als Untergrundwirtschaft bezeichnet habe, also diese irreguläre Tätigkeit mit regulärer Alternative, scheint etwas zu sein, was sich erst nach diesem Krieg in den letzten zwanzig, dreißig Jahren entwickelt hat. Es scheint herausgewachsen zu sein aus der Betätigung in der Hauswirtschaft und aus der Nachbarschaftshilfe. Ich erinnere mich jedenfalls, daß ich mir eine Wohnung in Bonn 1955 fast vollständig „schwarz" habe einrichten lassen. Im Lauf der Jahre ist das dann wohl mehr und mehr üblich, gleichsam professionalisiert worden und hat so einen beträchtlichen Umfang erreicht. Kurios oder vielleicht auch nicht kurios ist, daß dies Hand in Hand mit einer Ausdehnung der Staatstätigkeit auf vielen Gebieten gegangen ist, und zwar nicht nur in Form von Abgaben, sondern auch in Form von Auflagen; gleichzeitig hat die Permissivität zugenommen. So erkläre ich mir jedenfalls – bei allen Vorbehalten – die Entwicklung in den letzten zwanzig bis dreißig Jahren.

Dann haben Sie nach den Unterschieden in marktwirtschaftlich und planwirtschaftlich organisierten Volkswirtschaften gefragt. Man kann – Herr Krelle hat das schon angedeutet – die Sache so sehen: Das, was wir hier treiben, ist nach der dort herrschenden Lehre alles illegal oder mindestens illegitim. Die Politiker lassen dort gleichwohl einen Sektor zu, den sie sozusagen dem Markt überlassen. Es gibt ja die Geschichte, daß Moskau zu einem sehr hohen Prozentsatz mit Lebensmitteln durch jene Bauern versorgt wird, die auf ihrem freien Stück Land produzieren. Das ist sicher anders als bei uns. – Daß die Hilfen, die wir Schwarzarbeit nennen, dort ebenfalls eine große Rolle spielen, halte ich für sehr wahrscheinlich, und da scheinen kaum prinzipielle Unterschiede zu bestehen. Im übrigen gilt als ziemlich sicher, daß die Korruption dort verbreiteter ist als bei uns; aus Gründen der Effizienzschwächen des Systems ist sie wohl auch nötig.

Herr Fettweis: Herr Schmidt, Sie haben darauf hingewiesen, daß sich dieser Untergrundsektor nicht im industriellen Bereich abspielt, sondern praktisch ausschließlich im Bereich der Haushalte. Gäbe es somit nicht eine Möglichkeit, die Schwarzarbeit zwar nicht zu eliminieren, aber doch sicherlich stark zu reduzieren, indem die steuerliche Abzugsfähigkeit von Arbeiten im Haushalt erheblich verbessert würde?

Man weiß ja, daß heute beim Mehrfamilienhaus Reparaturarbeiten usw. steuerlich abzugsfähig sind, ein Grund, weshalb viele sich eine Einliegerwohnung in ihrem Hause einrichten lassen, um diese Abzugsfähigkeit nutzen zu können.

Herr Schmidt: Es ist richtig, daß sich die Schwarzarbeit vorwiegend in dem Sektor der privaten Haushalte abspielt, aber nicht nur. Tatsächlich handelt es sich meistens um Dienstleistungen – abgesehen von Häusern, die auf dem Lande gebaut werden. Sie kennen sicherlich auch solche Fälle in kleinen Ortschaften, wo jeder weiß, daß fast alle Häuser schwarz gebaut worden sind, offiziell natürlich in Nachbarschaftshilfe.

Nun fragen Sie, ob man die Reparaturen nicht steuerlich abzugsfähig machen sollte. Gegenwärtig kommt es, was die Abzugsmöglichkeit für Reparaturen angeht, darauf an, welches Arrangement man im Wohnungsbau wählt. Wenn man nach § 7b abschreibt, darf man es nicht. Sie sprechen von unechten Zweifamilienhäusern, bei denen man alle Kosten absetzen durfte, die entstehen, auch Reparaturen.

Herr Fettweis: Ich meine alle Reparaturarbeiten, nicht nur Schönheitsreparaturen und ähnliches, sondern auch Reparaturen von Haushaltsgeräten wie Waschmaschinen usw.

Herr Schmidt: Ich bin der Meinung, daß es Schwarzarbeit auch geben würde, selbst wenn man alle Reparaturkosten absetzen könnte, auch die an Waschmaschinen. Die Schwarzarbeit funktioniert nämlich auch in zeitlicher Hinsicht offenbar sehr gut. Die Zusammenarbeit mit Handwerkern ist ja manchmal, zurückhaltend ausgedrückt, mit zeitlichen Friktionen verbunden. Die Schwarzarbeiter kommen, so wird jedenfalls berichtet, meistens pünktlicher und (erlauben Sie mir den Ausdruck) „hauen" auch ganz anders „rein".

Herr Fettweis: Es ging nicht darum, die völlige Elimination zu erreichen – das verspreche ich mir nicht davon –, aber ich glaube, daß trotzdem eine erhebliche Reduzierung möglich wäre.

Herr Schmidt: Ich halte eine Reduktion durchaus für möglich; aber es bleiben auch weiterhin erhebliche Verlockungen für Schwarzarbeit.

Herr Staufenbiel: Herr Schmidt, ich habe Schwierigkeiten, bezüglich der volkswirtschaftlichen Auswirkungen einen sehr klaren Unterschied zwischen Do-it-yourself-Aktionen und schattenwirtschaftlichen Aktionen zu sehen.

Herr Schmidt: Nach meiner Definition ist das Do-it-yourself etwas völlig Legales und kein Teil der Schattenwirtschaft. Ich habe in der Literatur Definitionen gefunden, die alles, was nicht über den Markt läuft oder beim Staat passiert, als Schattenwirtschaft bezeichnen. Das halte ich, wie ich zu zeigen versucht habe, für unfruchtbar. Es widerstrebt mir auch, so vorzugehen und als Schattenwirtschaft oder Untergrundwirtschaft zu bezeichnen, wenn jemand sein Haus anstreicht, auch wenn der Nachbar dabei hilft. Sicher gibt es Grauzonen, in denen die Nachbarschaftshilfe schon halbprofessionell ist. Aber wenn jemand, der am Samstag oder vielleicht schon am Freitagnachmittag frei hat, sein Haus anstreicht und sich dabei vom Nachbarn helfen läßt, kann man vernünftigerweise doch nicht von Schwarzarbeit sprechen.

Zu dem non-profit-Sektor gehören ja auch alternative Lebensformen. Wenn junge Leute zusammenziehen und irgendeinen Hof in Niedersachsen bewirtschaften wollen, zum Teil in ökonomisch abenteuerlicher Weise, und das im übrigen friedlich tun und nicht wild gegen Gesetze verstoßen, dann kann man dagegen doch nichts haben. Das muß eine freie Gesellschaft tolerieren. Wo kämen wir hin, wenn man das verbieten würde?

Herr Staufenbiel: Entschuldigen Sie, Sie sprechen jetzt von illegal. Illegal ist ja kein Begriff aus der Volkswirtschaft.

Herr Schmidt: Irregulär, habe ich gesagt, oder meine ich jedenfalls immer, wenn ich von Schattenwirtschaft rede.

Herr Staufenbiel: Oder irregulär. In der Auswirkung auf die Volkswirtschaft sehe ich doch sehr große Parallelen zwischen den beiden Aktionen; je mehr man zahlen muß, desto mehr übernimmt man unter Umständen selbst und entzieht dadurch dem regulären Unternehmer Arbeit. Man hat das Do-it-yourself bereits sehr kultiviert, und eine bestimmte Industrie möchte es noch stärker forcieren; dann, meine ich, ist im Endeffekt eine ähnliche Wirkung zu erwarten, wie sie die Schattenwirtschaft zeigt.

Herr Schmidt: Ich sehe das anders. Wenn es durch längere Freizeit so kommen würde, daß mehr und mehr Leute dazu übergehen, in ihrem eigenen Haus irgendetwas zu fertigen, und Geschäfte sich darauf spezialisieren, Material dafür zu verkaufen, würden wir Ökonomen das als nichts anderes als eine Verlagerung in den quartiären Sektor ansehen.

Die Wirtschaftsgeschichte zeigt solche Verlagerungen vom primären zum sekundären, vom sekundären zum tertiären Sektor. Das bringt unter Umständen Friktionsprobleme mit sich, aber man kann aus diesem Grunde doch nicht dagegen sein, daß jemand am Samstag sein Haus anstreicht. Damit muß die Ökonomie fertig werden. Es werden alle möglichen Dinge hergestellt und einem auch ins Haus geschickt, die einen auch ohne technische Kenntnisse in die Lage versetzen sollen, irgendwelche handwerklichen Tätigkeiten im eigenen Haus zu verrichten. Das zeigt in ökonomischer Sicht, daß sich eine neue Industrie entwickelt, die offensichtlich auch Absatz hat. Sie trägt, anders ausgedrückt, den veränderten Wünschen der Konsumenten Rechnung und trägt so zu einem höheren Wohlfahrtsniveau bei.

Herr Albach: Herr Schmidt, Ihr beunruhigender Satz lautete, daß diejenigen, die nicht von der Schattenwirtschaft profitieren, Verständnis für diejenigen haben, die in der Schattenwirtschaft tätig sind. Das gilt jedoch wohl nur für einen begrenzten Zeitraum – solange der Anteil der Schattenwirtschaft an der Gesamtwirtschaft klein ist. In dem Maße, wie sich die Nachahmung dieser „free riders" als profitabel erweist, wird in der Tat die Abgabenlast steigen. In Konsequenz müßte dieses System kollabieren. Sie gehen offenbar nicht davon aus, daß es ein Gleichgewicht zwischen regulärer und irregulärer Wirtschaft gibt. Vielmehr nehmen Sie an, daß dieses Problem über kurz oder lang zum Zusammenbruch des regulären Systems führen muß. Ist das richtig?

Bei einer positiven Antwort darauf wäre die zweite Frage: Muß sich nicht der Staat überlegen, wie er die Funktionsfähigkeit der regulären Wirtschaft wiederherstellt, statt die irreguläre zu legalisieren?

Und wie bewerten Sie in diesem Zusammenhang die Versuche der Reagan-Administration, die Menschen durch Senkung der Grenzsteuersätze aus der Illegalität wieder in die Legalität zurückzuholen?

Herr Schmidt: Zunächst möchte ich noch einmal wiederholen: Es ist kurios, daß die Schwarzarbeit in der sozialen Wertung nicht negativ ist, obwohl die Verteilung der Chancen, schwarz zu arbeiten, ziemlich ungleichmäßig ist. Dann: Es ist sicher richtig, daß mit zunehmendem Anteil der Schattenwirtschaft die Abgabenlast steigen und die reguläre Wirtschaft dann irgendwann kollabieren müßte. Man kann sich diesseits jener Grenze ein Gleichgewicht zwischen regulärer und irregulärer Wirtschaft vorstellen; aber das halte ich für eine ziemlich akademische Frage. Wichtiger ist m. E. bei der Entwicklung, die wir beobachten, die Frage, was der Staat tun kann. Damit komme ich zur zweiten Frage, die sich an die Diskussion mit Herrn Krelle anschließt. Der Staat könnte versuchen, Remedur zu machen, indem er Abgaben *und* Auflagen (wie es schon bei Adolph Wagner heißt) zurücknimmt.

Was die Herabsetzung der Grenzsteuersätze angeht, gibt es ein praktisches Beispiel, nämlich Großbritannien. Als ich im Dezember vorletzten Jahres in England war, habe ich diese Frage mit einigen englischen Kollegen diskutiert. Sie haben mich zunächst davon überzeugt, daß die traditionell hohe Steuermoral in England der Vergangenheit angehört. Sie haben dann darauf hingewiesen, daß die Regierung Thatcher die direkten Steuern gesenkt und die indirekten Steuern erhöht hat. Die Wirkungen dieses Steuershifts auf den Umfang der Schattenwirtschaft haben die Kollegen mit Null angesetzt.

Es scheint so zu sein, daß man, wenn erst einmal Gewöhnung eingetreten ist, ganz besonders dramatische oder stark wirkende Maßnahmen ergreifen muß, um die Einbahnstraße aufzuheben, also eine Umgewöhnung einzuleiten. Möglicherweise hat das auch einen aktuellen Bezug. Eine Regierung, die bei der Bevölkerung erheblich an Vertrauen eingebüßt hat, muß wohl ein besonders klares und einleuchtendes Programm entwickeln und sich genau daran halten, um Vertrauen zurückzugewinnen.

Ob das, was die Reagan-Administration den Amerikanern an Senkung der Grenzsteuersätze gebracht und versprochen hat, genügt, die Leute, die bisher in der Schattenwirtschaft tätig sind, sozusagen herumzudrehen, wage ich nicht zu beurteilen. Nach den Erfahrungen in England bin ich eher skeptisch.

Ich habe meinen Vortrag mit der Bemerkung geschlossen, man könnte auch versuchen, gegen die Schattenwirtschaft anzugehen, indem man die Entfremdung zwischen Bürger und Staat mindert. Das sind sehr heikle staatspolitische Fragen. Wir müßten uns eigentlich ein rationales Verhältnis wünschen; der Bürger sollte sich sagen: Der Staat muß für mich etwas schaffen, und dafür muß ich ihm etwas geben. Zumindest sollte klar sein, daß der Staat keine Kuh ist, die im Himmel frißt und auf Erden gemolken werden kann. Eine solche rationale Sicht können wir aber offenbar von einer sehr großen Zahl der Bürger nicht erwarten. Deshalb eine emotionale Bindung gleichsam als Stubstitut zu wünschen, habe ich problematisch gefunden.

Herr Pischinger: Ungarn wird ja oft als ein Land mit einer besonders effektiven, aber legalisierten oder tolerierten Schattenwirtschaft bezeichnet, so daß man fast sagen könnte, daß es Italien, allerdings unter Staatshandelsvorzeichen, gleichzusetzen ist. Ich weiß nicht, ob Sie dazu etwas sagen können.

Herr Schmidt: Soweit ich über Ungarn informiert bin, ist es so, daß es dort nicht nur Schattenwirtschaft gibt, sondern daß ein nicht geringer Teil der offiziellen Wirtschaft in die Marktwirtschaft überführt worden ist. Bereiche, die vorher vom Staat geplant waren, sind zunehmend dem Markt, also einer mehr oder weniger freien Preisbildung überlassen worden. Das ist eine Änderung des Systems.

Soweit ich informiert bin, gibt es noch erhebliche Probleme auch im Bereich der privaten Haushalte, insbesondere bei der Wohnungsversorgung. Andererseits darf man nicht vergessen, daß sich jeder Ungar ein Haus bauen kann, wenn er die Mittel dafür zusammenbekommt, und beim Bauen mag nicht wenig Schwarzarbeit dabei sein; der Staat scheint da großzügig zu sein.

Mit dem Hausbau ist es übrigens auch in der Sowjetunion unterschiedlich. Ich war im vergangenen Sommer in Georgien; dort stellt der Staat der Landbevölkerung gegen geringe Pacht Grund und Boden zur Verfügung und fragt im übrigen nicht danach, wie die Leute das Haus zusammenbekommen.

Frau Thoben: Hier ist ein paarmal auch die Politik angesprochen worden, und Sie, Herr Schmidt, haben darauf hingewiesen, daß es gravierende politische Einwendungen gegen die Schattenwirtschaft geben könnte. Ich glaube, daß zwei Aspekte noch nicht klar genug herausgearbeitet worden sind. Das betrifft einmal die Frage, was denn eigentlich Schattenwirtschaft ist. Ist das alles das, was sich einer derzeit bestehenden Steuergesetzgebung entzieht? Oder gibt es noch andere Dinge, die Sie darunter fassen würden? Ihre Abgrenzung, die Sie vorhin nannten, daß es auch eine reguläre Alternative gibt, reicht dazu, glaube ich, allein nicht aus. Weite Bereiche zum Beispiel der sozialen Dienste werden ehrenamtlich erfüllt, gleichzeitig gibt es die bezahlte Arbeit in vergleichbaren Einrichtungen, ohne daß man die, die ehrenamtlich arbeiten, wahrscheinlich unter das Phänomen der Schattenwirtschaft fassen darf, die ja ein Ausweichen vor dem Zugriff der Steuer umschreibt.

Und die zweite Frage: Stehen wir möglicherweise vor einem Phänomen, das z. B. als alternative Ökonomie eine Rückkehr zu mehr Selbstversorgung signalisiert? Wenn das so wäre, stellte sich die Frage, ob die Tatbestände, an die wir eine Abgabeverpflichtung dem Staat gegenüber knüpfen, heute noch die richtigen sind.

Herr Schmidt: Ich bitte um Nachsicht, gnädige Frau, aber ich habe nicht gesagt, daß das einzige Merkmal der Schattenwirtschaft die reguläre Alternative ist; das ist vielmehr das zweite Merkmal. Das erste Merkmal ist die Irregularität. Deshalb scheidet der Fall des Sozialhelfers aus. Freiwillige Tätigkeiten, die völlig legal sind, kann man nicht als Schwarzarbeit oder in diesem Sinne als Bestandteil der Schattenwirtschaft bezeichnen. In der Literatur sind die Definitionen manchmal ziemlich großzügig, aber es ist doch zunehmend so, daß der non-profit-Sektor nicht zur Schattenwirtschaft zählt.

Daß wir auf eine Wirtschaft mit mehr Selbstversorgung, sozusagen Produktion und Konsum im eigenen Hause, zugehen, glaube ich nicht. Die Produktivität würde dann ja erheblich zurückgehen, und den damit verbundenen Rückgang des Realeinkommens möchten die meisten Leute wohl doch nicht haben.

Die dritte Frage, ob wir die richtigen Dinge besteuern, ob wir die richtige Bemessungsgrundlage finden, damit nicht nur eine faire Belastung herauskommt, sondern eine Belastung, die vielleicht die Lösung des einen oder anderen Problems, das wir heute haben, erleichtert, ist von einiger Brisanz. Da meine ich: Alles das, was die Produktionsumwege verlängert, sowie Forschung und Entwicklung fördert, müßte viel weniger (oder gar nicht) besteuert werden, damit die Arbeitsplätze geschaffen werden, die wir in den nächsten fünf bis zehn Jahren brauchen, um für alle, die arbeiten wollen, zu hohen Löhnen einen Arbeitsplatz bereitstellen zu können. Das wäre allerdings eine ziemlich rigorose Form des Steuersystems.

Herr Frese: Herr Kollege Schmidt, gibt es nicht zumindest einen Anreiz dafür, mit den wirtschaftlichen Aktivitäten aus dem Schatten ins Licht oder sogar in die Sonne zu gehen? – Ein Anreiz, den man durch wirtschaftspolitische Maßnahmen – sei es durch steuerpolitische Maßnahmen, die Herr Albach ansprach, oder durch gezielte Förderung von Existenzgründungen – noch verstärken könnte. Ich denke an die Tatsache, daß der Marktwert eines Betriebes im regulären Bereich doch eigentlich höher sein müßte als der eines Betriebes im irregulären Bereich. Wenn man einen irregulären Betrieb überhaupt verkaufen kann, so ist die Verhandlungsposition des Verkäufers doch ohne Zweifel durch gravierende Informationsnachteile beeinträchtigt.

Herr Schmidt: Mein Beispiel war ja der „Betrieb", der von den beiden Malern irregulär geführt wurde.

Herr Frese: Auf diesen Betrieb bezieht sich meine Feststellung.

Herr Schmidt: Die wollen den Betrieb doch gar nicht verkaufen.

Herr Frese: Aber wenn Sie es könnten, wäre es für sie doch interessant.

Herr Schmidt: Aber die Maler wollen das Geld doch nur nebenher machen. Sie würden, wenn sie in die offizielle Wirtschaft kämen, wohl gar nicht mehr weitermachen, weil die Attraktion wegen der Abgaben und Auflagen dann sehr viel geringer wäre. Was sie freilich verkaufen könnten, wenn sie von heute auf morgen aufhören möchten, wäre ihre Kundenkartei. Ob der Preis wegen Informationsnachteilen niedriger liegen würde als bei einem vergleichbaren Geschäft im regulären Sektor, ist im übrigen nicht sicher.

Herr Albach: Durch Schwarzarbeit steigt der Firmenwert, da der zusätzliche Kundenstamm mit veräußert wird.

Herr Frese: Eben.

Herr Schmidt: Ja. Aber das wäre ein anderer Fall. Die Frage, ob im Hinblick auf eine allfällige Veräußerung die Betätigung im regulären Sektor vorgezogen wird, ist damit nicht beantwortet.

Ich möchte aber auf ein anderes Problem aufmerksam machen, weil Sie von Existenzgründungen sprachen. Ich halte es für hinderlich, die Ausübung der Tätigkeit eines Handwerkers an die Meisterprüfung zu binden. Es mag die Meisterprüfung eine Bedingung dafür sein, daß ausgebildet werden darf; aber daß ein Handwerker den Beruf nicht selbständig ausüben kann, nachdem er drei oder fünf Jahre Geselle war, leuchtet mir nicht ein. Wenn man die selbständige Ausübung eines Handwerkes in dieser Weise erleichterte, würden die Existenzgründungen erleichtert und vielleicht auch die Schattenwirtschaft eingeschränkt werden, weil das Angebot an Schwarzarbeit zurückginge.

Veröffentlichungen der Rheinisch-Westfälischen Akademie der Wissenschaften

Neuerscheinungen 1976 bis 1982

Vorträge N Heft Nr.		NATUR-, INGENIEUR- UND WIRTSCHAFTSWISSENSCHAFTEN
261	*Horst E. Müser, Saarbrücken*	Grundlagen und Anwendungen der Ferroelektrizität
	Heinz Bittel, Münster	Das Rauschen, ein ebenso interessantes wie störendes Phänomen
262	*Ekkehard Grundmann, Münster*	Vorstadien des Krebses
	Norbert Hilschmann, Göttingen	Das Antikörperproblem, ein Modell für das Verständnis der Zelldifferenzierung auf molekularer Ebene
263	*Hans K. Schneider, Köln*	Die Zukunft unserer Energiebasis als ökonomisches Problem
	Hans Frewer, Erlangen	Wandel der Energietechnik durch Einsatz neuer Energieträger
264	*Wolfgang Pitsch, Düsseldorf*	Thermodynamik der Eisenmischkristalle
	Bernhard Ilschner, Erlangen	Innere Regelkreise bei der Hochtemperatur-Verformung kristalliner Festkörper
265	*Franz Huber, Seewiesen (Obb.)*	Lautäußerungen und Lauterkennen bei Insekten (Grillen)
		Jahresfeier am 26. Mai 1976
266	*Herbert Giersch, Kiel*	Perspektiven der Entwicklung der Weltwirtschaft
	Norbert Szyperski, Köln	Unternehmungs- und Gebietsentwicklung als Aufgabe einzelwirtschaftlicher und öffentlicher Planung
267	*Hans Brand, Erlangen*	Möglichkeiten und Grenzen einer technischen Nutzung der Sonnenenergie
	Karl-Friedrich Knoche, Aachen	Thermochemische Wasserzersetzungsprozesse
268	*Bartel Leendert van der Waerden, Zürich*	Die vier Wissenschaften der Pythagoreer
	Hans Hermes, Freiburg i. Br.	Hundert Jahre formale Logik
269	*Karl Ernst Wohlfarth-Bottermann, Bonn*	Cytoplasmatische Actomyosine und ihre Bedeutung für Zellbewegungen
	Ernst Zebe, Münster	Anaerober Stoffwechsel bei wirbellosen Tieren
270	*Ronald Mason, Brighton, U. K.*	The Evolution of a Coordination and Organometallic Chemistry of Surfaces
	Max Schmidt, Würzburg	Elementarer Schwefel – neue Fragen zu einem alten Problem
271	*Wolfgang Flaig, Braunschweig*	Fortschritte auf dem Gebiet der Biochemie des Bodens im Bezug zur pflanzlichen Produktion (Übersicht)
	Hermann Kick, Bonn	Probleme der Düngung in der modernen Landwirtschaft
272	*Dietrich W. Lübbers, Dortmund*	Die Sauerstoffversorgung der Warmblüterorgane unter normalen und pathologischen Bedingungen
	Gerhard Neuweiler, Frankfurt/M.	Die Echoortung der Fledermäuse
273	*Ulrich Bonse, Dortmund*	Interferometrie mit Röntgen- und Neutronenstrahlen
	Horst Stegemeyer, Paderborn	Flüssige Kristalle: Strukturen, Eigenschaften und Bedeutung
274	*Kurt Fränz, Ulm*	Humanismus und Technik – Variationen über ein altes Thema
275	*Joseph Rutenfranz, Dortmund*	Arbeitsphysiologische Grundprobleme von Nacht- und Schichtarbeit
	Rainer Bernotal, Meckenheim	Ergonomische Gestaltung von Mensch-Maschine-Systemen
276	*Gerhard Fels, Kiel*	Wiederbelebung der privaten Investitionstätigkeit als wirtschaftspolitische Aufgabe
	Herbert Hax, Köln	Finanzwirtschaftliche Planung in der Unternehmung bei Geldentwertung
277	*Friedrich Liebau, Kiel*	Fortschritte auf dem Gebiet der Kristallchemie der Silikate
278	*Heinrich Kuttruff, Aachen*	Gelöste und ungelöste Fragen der Konzertsaalakustik
	Hermann Schenck, Aachen	Prosperität und Handlungsfreiheit der Stahlindustrie im Kraftfeld konjunktureller und struktureller Bewegungen
279	*Joseph Straub, Köln*	Züchtungsforschung im Dienste der Ernährung
		Jahresfeier am 3. Mai 1978
280	*Heinrich Mandel, Essen*	Die Kernenergie im Spannungsfeld zwischen wirtschaftlicher Nutzung und öffentlicher Billigung
281	*Wolfgang Zerna, Bochum*	Probleme des Spannbetons
	Karl Kordina, Braunschweig	Über das Brandverhalten von Bauteilen und Bauwerken
282	*Werner H. Hauss, Münster*	Über die Möglichkeit, Koronarsklerose und Herzinfarkt zu verhüten und zu behandeln
	Ludwig E. Feinendegen, Jülich	Externe Messung von Herzstruktur und -funktion
283	*Gotthilf Hempel, Kiel*	Meeresfischerei als ökologisches Problem
	Eugen Seibold, Kiel	Rohstoffe in der Tiefsee – Geologische Aspekte

284	*Heinz-Günther Wittmann, Berlin*	Ribosomen und Proteinbiosynthese
285	*Helmut Domke, Aachen*	Sicherungsmaßnahmen gegen Bergschäden und Erdbeben
	Friedrich-Wilhelm Gundlach, Berlin	Der Einfluß des Regens auf die Ausbreitung von Mikrowellen
286	*Horst Rollnik, Bonn*	Ideen und Experimente für eine einheitliche Theorie der Materie
287	*John C. Harsanyi, Berkeley, Bonn*	A new solution concept for both cooperative and noncooperative games
	Reinhard Selten, Bielefeld	Experimentelle Wirtschaftsforschung
288	*Friedrich Hund, Göttingen*	Die Rolle des Dualismus Welle-Teilchen beim Werden der Quantentheorie
	Claus Müller, Aachen	Neue Verfahren zur Lösung der elliptischen Randwertprobleme der Mathematischen Physik
289	*Ulrich Hütter, Stuttgart*	Moderne Windturbinen
	Rudolf Schulten, Jülich	Kernenergietechnik heute
290	*Paul Arthur Mäcke, Aachen*	Planerische Möglichkeiten für einen humanen Stadtverkehr
	Karlheinz Roik, Bochum	Schrägseilbrücken – Beispiele und Entwicklungstendenzen im modernen Stahlbrückenbau
291	*Stefan Vogel, Wien*	Florengeschichte im Spiegel blütenökologischer Erkenntnisse
	Walter Larcher, Innsbruck	Klimastreß im Gebirge – Adaptationstraining und Selektionsfilter für Pflanzen
292	*Günther Gerisch, Basel*	Periodische Enzymaktivierung als Kontrollfaktor multizellulärer Entwicklung
	Jens Blauert, Bochum	Neuere Ergebnisse zum räumlichen Hören
293	*Franz Grosse-Brockhoff, Düsseldorf*	Herzbehandlung mit dem ‚Fingerhut' einst und jetzt
294	*Norbert Kloten, Stuttgart*	Das Europäische Währungssystem. Eine europäische Grundentscheidung im Rückblick
295	*Karl Schindler, Bochum*	Die Magnetosphäre der Erde und ihre Dynamik
296	*Eugene P. Cronkite, New York*	The hungry granulocyte – Its fate and regulation of production
297	*Volker Aschoff, Aachen*	Aus der Geschichte der Telegraphen-Codes
	Hans Dieter Lüke, Aachen	Moderne Probleme der Nachrichten-Codierung
298	*Karl Kremer, Düsseldorf*	Kunststoffe in der Chirurgie
	Gerd Meyer-Schwickerath, Essen	Augenoperationen in mikroskopischen Dimensionen
299	*Wolfgang Backé, Aachen*	Die Rolle der Fluidtechnik bei der Entwicklung neuartiger Maschinenkonzepte
	Rolf Staufenbiel, Aachen	Entwicklung des zivilen Luftverkehrs unter den Aspekten der Umweltbelastung und dem Zwang von Energieersparnis
300	*Hans Adolf Krebs, Oxford*	On asking the right kind of question in biological research
	Jozef Schell, Köln	Neue Aussichten für die Pflanzenzüchtung: Gen-Übertragung mit dem Ti-Plasmid
301	*Gerhard M. Schneider, Bochum*	Fluide Mischungen bei hohen Drücken
	Albrecht Maas, Bonn	Direktbeobachtung und Analyse von Kristallwachstumsvorgängen im hochauflösenden Transmissions-Elektronenmikroskop
302	*Albrecht Rabenau, Stuttgart*	Lithiumnitrid und verwandte Stoffe
	Ulrich Wannagat, Braunschweig	Sila-Substitutionen
303	*Hans K. Schneider, Köln*	Wirtschaftliches Wachstum – trotz erschöpfbarer natürlicher Ressourcen? Jahresfeier am 11. Juni 1980
304	*Hermann Flohn, Bonn*	Kohlendioxyd, Spurengase und Glashauseffekt: ihre Rolle für die Zukunft unseres Klimas
305	*Heinz Duddeck, Braunschweig*	Die Entwicklung der technischen Wissenschaft ‚Tunnelbau'
	Wolfgang Zerna, Bochum	Tanks für kryogene Flüssigkeiten
306	*Harald Schäfer, Münster*	Der Einfluß von Gasen auf die Reaktionsfähigkeit fester Stoffe
	Herbert Döring, Aachen	75 Jahre Hochvakuumelektronenröhren
307	*Hans J. Zassenhaus, Ohio*	Über die konstruktive Behandlung mathematischer Probleme
	Max Koecher, Münster	Von Matrizen zu Jordan-Tripelsystemen
308	*William F. Pohl, Minnesota*	The Application of Global Differential Geometry to the Investigation of Topological Enzymes and the Spatial Structure of Polymers
	Lothar Jaenicke, Köln	Chemotaxis – Signalaufnahme und Respons einzelliger Lebewesen
309	*Harald Ibach, Jülich/Aachen*	Zur Physik und Chemie der Festkörperoberfläche
310	*Edmond Malinvaud, Paris*	La profitabilité comme facteur de l'investissement
	Burkart Lutz, München	Einige Aspekte von Theorie und Empirie segmentierter Arbeitsmärkte
311	*Jürgen Schmitt, Aachen*	Der Mensch im elektromagnetischen Feld
	Günter Rau, Aachen	Ergonomie in der Medizin
312	*Klaus Heckmann, Münster*	Über *omikron*-Partikel und andere Symbionten von Ciliaten
	Detlev Riesner, Düsseldorf	Viroide: Struktur und Funktion der kleinsten Krankheitserreger
314	*Kurt Schmidt, Mainz*	Verlockungen und Gefahren der Schattenwirtschaft

ABHANDLUNGEN

Band Nr.		
28	*Hermann Conrad, Gerd Kleinheyer, Thea Buyken und Martin Herold, Bonn*	Recht und Verfassung des Reiches in der Zeit Maria Theresias. Die Vorträge zum Unterricht des Erzherzogs Joseph im Natur- und Völkerrecht sowie im Deutschen Staats- und Lehnrecht
29	*Erich Dinkler, Heidelberg*	Das Apsismosaik von S. Apollinare in Classe
30	*Walther Hubatsch, Bonn u. a.*	Deutsche Universitäten und Hochschulen im Osten
31	*Anton Moortgat, Berlin*	Tell Chuêra in Nordost-Syrien. Bericht über die vierte Grabungskampagne 1963
32	*Albrecht Dihle, Köln*	Umstrittene Daten. Untersuchungen zum Auftreten der Griechen am Roten Meer
33	*Heinrich Behnke und Klaus Kopfermann (Hrsg.), Münster*	Festschrift zur Gedächtnisfeier für Karl Weierstraß 1815–1965
34	*Joh. Leo Weisgerber, Bonn*	Die Namen der Ubier
35	*Otto Sandrock, Bonn*	Zur ergänzenden Vertragsauslegung im materiellen und internationalen Schuldvertragsrecht. Methodologische Untersuchungen zur Rechtsquellenlehre im Schuldvertragsrecht
36	*Iselin Gundermann, Bonn*	Untersuchungen zum Gebetbüchlein der Herzogin Dorothea von Preußen
37	*Ulrich Eisenhardt, Bonn*	Die weltliche Gerichtsbarkeit der Offizialate in Köln, Bonn und Werl im 18. Jahrhundert
38	*Max Braubach, Bonn*	Bonner Professoren und Studenten in den Revolutionsjahren 1848/49
39	*Henning Bock (Bearb.), Berlin*	Adolf von Hildebrand, Gesammelte Schriften zur Kunst
40	*Geo Widengren, Uppsala*	Der Feudalismus im alten Iran
41	*Albrecht Dihle, Köln*	Homer-Probleme
42	*Frank Reuter, Erlangen*	Funkmeß. Die Entwicklung und der Einsatz des RADAR-Verfahrens in Deutschland bis zum Ende des Zweiten Weltkrieges
43	*Otto Eißfeld, Halle, und Karl Heinrich Rengstorf (Hrsg.), Münster*	Briefwechsel zwischen Franz Delitzsch und Wolf Wilhelm Graf Baudissin 1866–1890
44	*Reiner Haussherr, Bonn*	Michelangelos Kruzifixus für Vittoria Colonna. Bemerkungen zu Ikonographie und theologischer Deutung
45	*Gerd Kleinheyer, Regensburg*	Zur Rechtsgestalt von Akkusationsprozeß und peinlicher Frage im frühen 17. Jahrhundert. Ein Regensburger Anklageprozeß vor dem Reichshofrat. Anhang: Der Statt Regenspurg Peinliche Gerichtsordnung
46	*Heinrich Lausberg, Münster*	Das Sonett *Les Grenades* von Paul Valéry
47	*Jochen Schröder, Bonn*	Internationale Zuständigkeit. Entwurf eines Systems von Zuständigkeitsinteressen im zwischenstaatlichen Privatverfahrensrecht aufgrund rechtshistorischer, rechtsvergleichender und rechtspolitischer Betrachtungen
48	*Günther Stökl, Köln*	Testament und Siegel Ivans IV.
49	*Michael Weiers, Bonn*	Die Sprache der Moghol der Provinz Herat in Afghanistan
50	*Walther Heissig (Hrsg.), Bonn*	Schriftliche Quellen in Mogolī. 1. Teil: Texte in Faksimile
51	*Thea Buyken, Köln*	Die Constitutionen von Melfi und das Jus Francorum
52	*Jörg-Ulrich Fechner, Bochum*	Erfahrene und erfundene Landschaft. Aurelio de' Giorgi Bertòlas Deutschlandbild und die Begründung der Rheinromantik
53	*Johann Schwartzkopff (Red.), Bochum*	Symposium ‚Mechanoreception'
54	*Richard Glasser, Neustadt a. d. Weinstr.*	Über den Begriff des Oberflächlichen in der Romania
55	*Elmar Edel, Bonn*	Die Felsgräbernekropole der Qubbet el Hawa bei Assuan. II. Abteilung. Die althieratischen Topfaufschriften aus den Grabungsjahren 1972 und 1973
56	*Harald von Petrikovits, Bonn*	Die Innenbauten römischer Legionslager während der Prinzipatszeit
57	*Harm P. Westermann u. a., Bielefeld*	Einstufige Juristenausbildung. Kolloquium über die Entwicklung und Erprobung des Modells im Land Nordrhein-Westfalen
58	*Herbert Hesmer, Bonn*	Leben und Werk von Dietrich Brandis (1824–1907) – Begründer der tropischen Forstwirtschaft. Förderer der forstlichen Entwicklung in den USA. Botaniker und Ökologe
59	*Michael Weiers, Bonn*	Schriftliche Quellen in Mogolī, 2. Teil: Bearbeitung der Texte
60	*Reiner Haussherr, Bonn*	Rembrandts Jacobssegen. Überlegungen zur Deutung des Gemäldes in der Kasseler Galerie
61	*Heinrich Lausberg, Münster*	Der Hymnus ›Ave maris stella‹
62	*Michael Weiers, Bonn*	Schriftliche Quellen in Mogolī, 3. Teil: Poesie der Mogholen
63	*Werner H. Hauss (Hrsg.), Münster, Robert W. Wissler, Chicago, Rolf Lehmann, Münster*	International Symposium 'State of Prevention and Therapy in Human Arteriosclerosis and in Animal Models'

64	*Heinrich Lausberg, Münster*	Der Hymnus ›Veni Creator Spiritus‹
65	*Nikolaus Himmelmann, Bonn*	Über Hirten-Genre in der antiken Kunst
66	*Elmar Edel, Bonn*	Die Felsgräbernekropole der Qubbet el Hawa bei Assuan. Paläographie der althieratischen Gefäßaufschriften aus den Grabungsjahren 1960 bis 1973
67	*Elmar Edel, Bonn*	Hieroglyphische Inschriften des Alten Reiches
68	*Wolfgang Ehrhardt, Athen*	Das akademische Kunstmuseum der Universität Bonn unter der Direktion von Friedrich Gottlieb Welcker und Otto Jahn

Sonderreihe

PAPYROLOGICA COLONIENSIA

Vol. I

Aloys Kehl, Köln — Der Psalmenkommentar von Tura, Quaternio IX

Vol. II

Erich Lüddeckens, Würzburg,
P. Angelicus Kropp O. P., Klausen,
Alfred Hermann und Manfred Weber, Köln — Demotische und Koptische Texte

Vol. III

Stephanie West, Oxford — The Ptolemaic Papyri of Homer

Vol. IV

Ursula Hagedorn und Dieter Hagedorn, Köln,
Louise C. Youtie und Herbert C. Youtie, Ann Arbor — Das Archiv des Petaus (P. Petaus)

Vol. V

Angelo Geißen, Köln — Katalog Alexandrinischer Kaisermünzen der Sammlung des Instituts für Altertumskunde der Universität zu Köln
Band 1: Augustus-Trajan (Nr. 1–740)
Band 2: Hadrian-Antoninus Pius (Nr. 741–1994)

Vol. VI

J. David Thomas, Durham — The epistrategos in Ptolemaic and Roman Egypt.
Part 1: The Ptolemaic epistrategos

Vol. VII — Kölner Papyri (P. Köln)

Bärbel Kramer und Robert Hübner (Bearb.), Köln — Band 1
Bärbel Kramer und Dieter Hagedorn (Bearb.), Köln — Band 2
Bärbel Kramer, Michael Erler, Dieter Hagedorn und Robert Hübner (Bearb.), Köln — Band 3

Vol. VIII

Sayed Omar, Kairo — Das Archiv des Soterichos (P. Soterichos)

Vol. IX — Kölner ägyptische Papyri (P. Köln ägypt.)

Dieter Kurth, Heinz-Josef Thissen und Manfred Weber (Bearb.), Köln — Band 1

Vol. X

Jeffrey S. Rusten, Cambridge, Mass. — Dionysius Scytobrachion

Verzeichnisse sämtlicher Veröffentlichungen der
Rheinisch-Westfälischen Akademie der Wissenschaften können beim
Westdeutschen Verlag GmbH, Postfach 30 06 20, 5090 Leverkusen 3 (Opladen),
angefordert werden

GPSR Compliance
The European Union's (EU) General Product Safety Regulation (GPSR) is a set of rules that requires consumer products to be safe and our obligations to ensure this.

If you have any concerns about our products, you can contact us on

ProductSafety@springernature.com

In case Publisher is established outside the EU, the EU authorized representative is:

Springer Nature Customer Service Center GmbH
Europaplatz 3
69115 Heidelberg, Germany

www.ingramcontent.com/pod-product-compliance
Lightning Source LLC
LaVergne TN
LVHW082053051026
849532LV00011B/3587
* 9 7 8 3 5 3 1 0 8 3 1 4 8 *